五彩校园文化艺术活动丛书

校园场馆类活动指导手册

张 敏 ◎编著

吉林出版集团股份有限公司
全国百佳图书出版单位

前言 PREFACE

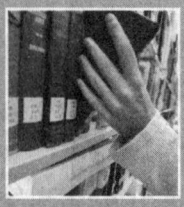

在党和政府的要求下，长期以来，学校文化艺术活动作为学校教育教学工作的一个重要组成部分，不仅是广大青少年建立兴趣爱好和成材的重要途径，而且是学校德育工作发挥巨大作用的主要因素。营造丰富多彩的校园文化，为广大青少年开拓广阔的成材之路，这是加强素质教育的要求，也是培养青少年未来实现中国梦想的要求。

学校开展形式多样的文化艺术活动，能够使广大青少年达到开阔视野、陶冶情操、增长才智、提高素质、沟通人际、适应社会以及改善知识结构和掌握实用技能等方面的效果。在这些文化艺术活动中，广大青少年通过接受不同形式、不同内容的有益教育，能够起到潜移默化的作用，这对造就和培养有理想、有道德、有纪律、有文化、适应中国复兴和实现中国梦的新一代人才有着十分重要的作用。

因此，越来越多的学校对于开展丰富的文化艺术活动和营造浓郁的校园文化环境给予了越来越多的投入和努力，学校里的音乐队、合唱团、舞蹈队、书画社、兴趣小组等，简直琳琅满目。因此，校园文化艺术活动的组织策划与指导就显得十分重要了。这就需要坚持先进文化的正确方向，以育人为根本目标，努力发展符合实际需要、并为广大师生喜闻乐见，且具有实效的校园物质文化和精神文化体系，真正营造五彩校园的文化氛围。

为此，根据党和政府有关政策和部门的要求以及国内外最新校园文化艺术的发展方向，特别编撰了《五彩校园文化艺术活动》丛书，不仅包括校园文化艺术活动的组织管理、策划方案等指导性内容，还包括阅读、科普、歌咏、器乐、绘画、书法、美化、舞蹈、文学、口才、曲艺、戏剧、表演、游艺、游戏、智力、收藏、棋艺、牌技、旅游、健身等具体活动项目，还包括节庆、会展、行为、环保、场馆等不同情景的活动开展形式等，具有很强的系统性、娱乐性、指导性和实用性。

本套丛书适当配图，图文并茂，设计精美，格调高雅，不仅是广大学校用于开展丰富文化艺术活动的最佳指导读物，也是大中小学学校领导、教师，在校大中小学学生、研究生、博士生以及有关人员学习的最佳实用读物，还是各级图书馆珍藏的最佳版本。

目录 CONTENTS

N01. 学校图书馆的建设与活动指导

学校图书馆建设的意义……002

学校图书馆建设新趋势……006

加强学校图书馆硬实力……010

提升学校图书馆软实力……012

创新教育与图书馆建设……016

发挥图书馆的使用效率……023

利用图书馆提高学生素质.027

学校图书馆的管理及职能.031

关于数字图书馆的建设……034

农村小学图书馆建设指导.037

N02. 学校广播站的建设与活动指导

学校广播站建设的意义……042

学校广播站的建设指导……044

学校广播的新闻写作方法.049

学校广播站通讯稿的写作.054

学校广播站的管理规定.....057

N03. 学校网站的建设与活动指导

学校网站建设意义与要求.066

学校网站建设方法与注意.071

学校网站建设的制作过程.076

学校网站建设的管理办法.080

学校网络安全保障与管理.083

N04. 学校实验室的建设与活动指导

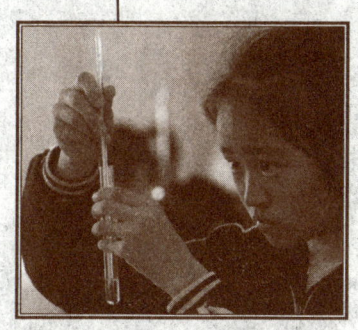

学生科学实验制作的意义.090

学生科学实验活动指导.....094

学生科学发明活动的指导.099

学生科学发明素质的培养.105

对小学生的发明指导方法.109

对中学生的发明指导方法.112

学生物理科学实验活动.....125

学生化学科学实验活动.....138

N05. 学校科普室的建设与活动指导

学校科普室建立的意义.....172

学校科普室建立的原则.....174

学校科普室的建立及活动.176

加强学校科普室的管理 179

NO1. 学校图书馆的建设与活动指导

学校图书馆建设的意义

学校图书馆浓缩着一个学校的知识储备，在创造健康、文明、和谐教育、和谐校园的建设中，具有不可替代的作用，它是基础教育的重要组成部分，是学校不可缺少的办学条件之一。

如何充分发挥学校图书馆的职能作用，促进书籍在学生学习生活中的流通使用，提高图书馆的服务水平，推进书香校园和谐发展，是我们必须深刻思考，并积极探索的。

学校图书馆在创和谐校园中的重要作用

和谐的书香校园是一种以友好相处、相互促进、协调发展为核心的校园学习氛围，体现了以人为本的核心，教育与教学之间、学习与阅读之间是相互促进、互为发展的和谐关系。学校图书馆是一个收藏、利用文献等信息资源，服务教育、拓展学习视野的专门机构，是多种文化资源的聚集地、传播地和传承地，其特有的职能作用确立了中小学图书馆在营造和谐的文化氛围，构建和谐校园中的重要地位和作用。

1. 学校教育中的重要作用

教师教学资源的摄取，除来自教科书之外，图书馆的藏书占据绝大优势。学校根据教育需要，开展各类读书活动，通过阅读书籍，对青少年的思想行为、道德情操、人文素养、心理成长等方面的教育潜移默化。在阅读中，还能够有效地增强师生的天文地理知识、法制观念、安全防范和卫生保健意识，塑造学生良好品德，提高校园文明程度，形成良好道德风尚和和谐的人际关系，推动健康、文明的和谐校园建设。

2. 学校教学中的重要作用

学校图书馆，不仅是学科教材的辅助场所，它丰富的课程资源，也是学生拓展视野，提高自我学习能力的基础。学生直接通过自主阅读，创新学习方法，变被动学习为主动学习，提高了学习的有效性，也提高了学生自主学习能力。同时，图书馆还为教师教学提供资料，促进教师自身学习积累，提高教育教学质量，从而更大程度上推动和谐校园建设，更好的营造校园书香氛围。

办好校园图书馆，促进校园和谐发展

图书馆不仅是存放书籍、借阅书籍的地方，更是可以让师生可以潜心阅读的环境。创造好的阅读氛围，通过教师引导，开展各种读

五彩校园文化艺术活动丛书

书活动,将有效地推动图书馆的发展,最大限度发挥图书馆在校园文化,尤其是书香校园建设中的巨大作用。

1.做好图书馆各项工作,确保阅读扎实有效

要充分体现学校图书馆服务于教学,服务于素质教育的作用,使它的育人功能得到充分发挥,在图书馆的管理开放上,必须做到四坚持。

(1)坚持健全图书馆管理制度,做到有据可依。要健全图书馆,保证图书馆书籍的有效、循环使用,图书馆必须制定明确的管理制度,并且制度上墙,坚持每一位进入图书馆阅读的读者都能有据可依,自觉保管好书籍。要每学期有计划、有措施、有总结,做出实效。

(2)坚持定期开放,校图书馆应该针对各校实际情况,制定专门的阅读时间表,促进学校师生都能有时间进入图书馆阅读。一般将阅读时间定在课余及文体时段,分年级、分班级进行。

(3)坚持抓好班级图书角建设,增强和拓宽图书馆的功能。图书馆是阅读的一个窗口,各班配备的图书角也是图书馆的重要组成部分。在学校一定数量的书籍储备基础上,鼓励学生利用节假日到书店购买课外读物,存放于班级图书角,可以相互借阅、相互传看,一学期一轮换。通过图书角的建设,弥补了校图书馆无法随时开放、书籍不够全面的缺陷,拓宽了图书馆的功能。

(4)坚持做好新书、好书的宣传推荐工作,图书馆书籍数量很大,学生对于自己如何选择阅读并不具有很强的思考能力。图书馆不仅要为学生提供可以选择的空间,更要引导学生学会如何选择书籍进行阅读。图书馆可以专门开辟1周1期的新书、好书推荐介绍专栏等,并组织学生阅读交流会,让学生参与其中,相互交流介绍书的内容和读后感,不仅使他们的口语表达能力得到锻炼,还使其他同学了解书

籍信息，学会如何选择、如何从书中受益。

2.发挥图书馆优势，营造和谐书香氛围

要激发学生阅读兴趣，让学生愿意走进图书馆，留在图书馆，就必须充分发挥图书馆优势，营造出和谐的书香氛围。

（1）营造独特的阅读环境、充满童趣的图书馆布置、图文结合的板画、激励性的名言警句，让学生先喜欢上图书馆的氛围，才能吸引他们走进图书馆。

（2）营造宽松、愉快的阅读环境、快乐的情绪有助于学习，让学生在快乐的情绪中开始阅读，在阅读中感受文本的内涵，达到相互促进的作用。在图书馆播放一些轻松的音乐，放置一些小玩意，都有助于学生放松心情，进入较佳的阅读氛围，使阅读效果大大提高。

（3）营造适当的竞争环境，学生尤其是小学生，缺乏充分的阅读意识和阅读耐性。可以根据学生兴趣爱好，建立"讲故事"、"科技我先行"、"天文世界"、"数学宝宝"等各类兴趣小组，有专门的老师进行指导，明确学生阅读方向，并通过评选优秀等手段，刺激学生更积极主动阅读，不断增加知识积累，提高自身阅读能力，形成积极的、良好的阅读氛围。

古人云："授人与渔，足食终生之鱼。"图书馆就像那一片汪洋大海，学生在教师的引导下，投入大海之中，捕捉各种知识。大海越美，大海越深，就越能吸引学生的摄取欲望。做好图书馆工作，发挥图书馆在教育教学中的重要作用，以书为基石，激发学生的阅读兴趣，为学生阅读、学习提供良好的环境。办好了学校图书馆，才能营造和谐的书香校园。

学校图书馆建设新趋势

21世纪是一个全球网络化的世纪,在全球网络化的新型环境下,数字图书馆成为了现代图书馆发展的主要趋势。因此,数字化图书馆是新世纪最热门的话题之一。

图书馆的数字化建设必将成为一个必然趋势,这就对学校图书馆的管理、图书馆的信息收集、图书馆的服务等提出了新的要求。

学校数字图书馆的核心是图书馆管理自动化、载体数字化、服务

网络化、管理自动化。计算机的普及，多媒体技术的应用，使自动化成为图书馆管理的主要手段。

管理的自动化

1. 学校图书馆自动化管理的主要内容

图书采购、图书编目、图书典藏、图书流通，也包括读者管理、期刊管理、阅览室管理、公共检索等图书馆业务都要实行自动化，让读者通过公共检索获取有关信息，用计算机实现利用校园网检索图书资料的自动化。

图书条码的计算机打印，实现加工新书通报、超期催书单、卡片目录、书标、书证等的自动化。利用计算机实现藏书分类统计、流通统计等数据统计的自动化。通过交换机连接校园网，在校园网上提供图书馆信息检索等的自动化服务。通过网络实现图书馆信息发布的自动化。

2. 学校图书馆自动化管理的参考软件

大多图书管理系统集编目管理、采验管理、读者管理、流通管理、期刊管理为一体，包括了图书及音像资料目录信息查询、期刊目录信息查询、题录索引信息方便的服务、读者借阅信息查询、网上流通统计、教师参考资料推荐、新书通报、信息发布等内容。同样是系统各部分既相互独立，又能进行各部分之间的数据调用。

学校图书馆实现自动化管理，既可极大地提高工作效率，减轻图书馆管理人员的劳动强度，更可让师生更加方便、高效地利用图书馆资源。所以图书馆实现自动化管理是新世纪学校图书馆管理的必然趋势。

载体的数字化

随着科技的进步，图书的载体正在发生变革，主要体现是出现了高科技的新型载体并得到普及，这主要有两种。

1.新型的存贮材料

网络载体是指利用网络实现共享的"网络图书",其中,网络图书以网络形式进行传输,传播速度快,成本低廉,时效性好,如果解决好版权问题,是最有发展潜力的图书载体形式。很多普通图书都以"图书+网络"的形式出版,体现了图书的这种数字化趋势。

数字化资源是数字图书馆的物质基础,正如传统图书馆的图书资料,是图书馆开展一切信息服务工作的泉源。

简单地说,学校图书馆数字化载体主要有:本馆现有图书资料和新增的新型图书资料,还有从互联网上查找、选择并加以下载的网上图书资料等。

服务的网络化

不管是哪种图书馆,其最终的根本任务是为读者服务,对学校图书馆来说就是为师生服务。管理的自动化、载体的数字化必将要求学校图书馆改变传统的服务方式。其中阅读方式的变化是最为显著的。

电子图书馆、虚拟图书馆、数字图书馆等称谓有待统一的新型图书馆已经出现,传统的阅读方式正向数字化的阅读方式转变,电子阅览、网络阅览等新型阅读方式将日益普及,各种读书软件的出现极大地方便了人们阅览不同格式的数字图书。

这种新的阅读方式已经不仅仅是视角上的方式,而正向听觉的方向发展,因为各种"听书软件"还把人们从现代的视觉负担中解放出来,从而实现读者在做其它事情的同时,能够轻松地享受读书的乐趣,进行文化的熏陶,感受人类的文明与进步。

互联网的普及和校园网络的建设成为图书馆服务方式转变的契机,读者可以足不出户,在家通过上网就能获取世界的种种信息,要获取图书也是轻而易举。

图书馆的网络服务体系建设是指基础网络设备的建设和通信条件

的建立。具体地说，包括数字化信息的存储管理体系和信息的传输服务体系两方面。前者指数字信息的获取、加工、管理的自动化，其中包含了功能强大的服务器数据库的建立。后者指图书馆的服务器与局域网、国际互联网的高速连接，并通过它们来提供优质的信息服务。

图书馆的自动化和校园网络建设已经取得了共识，成为了校园投资热点和重大项目，一定程度上为数字图书馆的网络服务体系建设奠定了基础，为信息数字化和服务网络化提供了条件。

图书馆网络建设是将所有学校图书馆联结成一体，成为一个完全共享资源的数字图书馆网络体系。它实行分布式管理，在整个网络上，采用统一的数据标准和通信协议，把所有学校的数字资源形成一个庞大系统，为学校教育提供全面良好的服务。

学校数字图书馆网络的建立，有赖于独立存在和运行的每一个学校图书馆的数字化建设。没有个别图书馆的数字化，学校数字图书馆网络只是梦想，永远不可能实现。

加强学校图书馆硬实力

加强学校图书馆的建设,在硬件方面要加大投入,科学管理,以图书馆为阵地,以读书活动为载体,促进学生全面发展,充分发挥图书馆的服务职能。

严格图书馆的管理制度

为了使校园图书馆管理规范化,学校要制定《图书管理人员职责》、《师生借阅制度》、《图书损坏赔偿制度》等一系列规章制度。

图书馆的各种台帐要齐全,帐物要相符,图书经费专款专用。图书馆实行全天候开架开放。借阅时,要充分发挥班干部及小图书管理员的作用,规定按班借阅,保证学生借书、看书有秩序、不拥挤。

图书馆的环境卫生要做到窗明几净,桌椅整齐,地面整洁,书架、报刊排列整齐。学校图书馆要牢固树立"读者第一,服务至上"的理念,千方百计满足读者的各种需求，根据师生的不同要求，做好图书的推荐、介绍和借阅工作。

如青年教师要上公开课、练兵课，要尽力为他们推荐相关的图书、音像资料。遇到节日、纪念日，要向学生推荐有关的图书。为了方便师生借阅，要扩大书刊流通范围，尽量增加图书馆的开放时间，督促学生及时借、还书。

开展各种形式的服务工作

图书馆紧密围绕新课改和素质教育，充分利用图书资源，积极配合教导处、少先队大队部开展了各种读书活动及导读工作。

1.开展读书笔记展评活动

图书管理人员要求学生每人准备一本读书笔记，在阅读中，发现好词佳句，随时摘抄到读书卡上。每学期开展一期"读书笔记"展评，期末进行汇总评比，看哪位学生写得好，对表现突出的班级、学生予以表扬鼓励。

2.开展"办手抄报"活动

学生通过读书，自发开展"办手抄报"活动。学生通过博览群书，吸取营养，每学期至少自办两期手抄报，学校定期组织评比。此项活动不仅能够充分发挥学生的个性特长，而且也能促进读书活动的开展。

3.开展演讲或征文活动

积极引导学生读好书，读学生自己喜欢读的书，激发学生读书的积极性。学校图书馆要通过一系列读书活动的开展，激发学生学习的积极性，同时，也要提高学生的整体素质。在学校图书馆的工作中，加强图书管理工作，努力提高管理水平，使图书馆越办越好，使学校图书馆成为繁荣校园文化生活，传播先进文化和思想的重要阵地。

提升学校图书馆软实力

对于图书馆而言,电子资源、物理馆藏等是硬实力,图书馆的人文精神、育人优势、服务意识、人力资源、创新能力等是软实力。

作为一种隐性资源,软实力体现图书馆的整体精神风貌,是图书馆的价值理念和内在品质,是图书馆综合实力和核心竞争力的重要组成部分。

凸显人文关怀

在图书馆的工作实践和理论研究中,人文关怀体现为以人为本的思想,以及图书馆在满足人的信息知识需求、实现人的价值、促进人

的发展过程中所起到的积极作用。人的因素第一、公众精神至上，这永远是图书馆的根本准则。因此，在图书馆实践中，要一切为读者着想，尊重读者、关心读者、服务读者，以客体适应主体的信息需求，也就是以馆员来适应读者的各种需要。

图书馆员的服务意识、平等观念和公益观念，是评价图书馆的重要依据，直接关系到图书馆的服务质量。图书馆员是个平凡的岗位，也不可能做出轰轰烈烈的事迹来，只要在现有的条件下，积极发挥馆员的主动性和创造性，真正为读者排忧解难，就是对人文关怀的最好诠释。

营造优雅环境

良好的图书馆环境不仅能提高读者利用图书馆的兴趣和效率，还能成为一种对读者施以教化的审美的文化环境。图书馆要在馆内开展形象设计、形象教育、形象宣传，加强人文精神的宣传教育，使图书馆员从思想上认识到营造一个宽松和谐的优雅环境是图书馆工作者自身的责任。在环境的营造上，应从环境对人的影响力出发。注重修饰建筑内的各种细节来加强图书馆的文化色彩，还可以辅以树木、花草等来达到优雅、整洁的效果，最大限度地吸引读者来馆阅览和学习。

在图书馆里布置各种宣传材料、标语口号和名言警句等都能从正面启发读者树立刻苦学习、拼搏的精神，对读者起到潜移默化的作用。图书馆制订规章制度从人文的角度出发，关注人文环境的礼貌用语。

所有这些都可以把读者引入强烈的文化氛围，激发广大读者的求知欲望。图书馆还要根据自身丰富的资源，举办学术报告、研讨会等，强化图书馆的学术气氛。

要通过开展读好书、评好书活动，陶冶学生情操，提高师生的鉴赏力；通过编发图书快讯、新书或好书介绍等栏目，挖掘、开发文献

五彩校园文化艺术活动丛书

资源，提供信息服务，提高图书利用率；通过举办读者导读讲座、图书资料讲座等，讲授读书要领及读书成才体会，引导学生读好书、善读书，奋发学习，立志成才。通过这些活动，寓育人于管理、服务之中。

推进人力资源建设

信息时代，是一个充满竞争、充满创造性的时代。知识与信息以前所未有的增长速度和创新模式影响着传统图书馆的工作理念，并且使图书馆的工作方式和服务形式发生根本性的变化。

面对这种信息环境所带来的机遇和挑战，要提高信息资源开发的深度和网络化服务的水平，适应学校教学和科研发展的要求，无论在思想观念的更新上，还是在业务工作技能的提高上，都对图书馆人力资源建设提出了更高的标准和要求。

学校要紧密结合自身发展和信息化的进程，制定图书馆人力资源建设计划，在人才数量、质量、层次以及外语语种、专业类别等方面根据情况进行选择和配置，形成合理的结构比例。

要建立一套完整的馆员进修、培训制度，坚持对在职人员进行多种形式的继续教育。通过专题讲座、学术活动，拓宽馆员的知识面，使其及时了解图书馆事业发展的趋势及学术动态，提高其理论水平。

通过专业技能培训，提高业务技能。同时也要采取一定的激励措施，促使馆员自觉学习新知识、新技术，拓宽知识面，自觉提高综合素质。在重视现有人员培养的同时，要积极引进图书情报专业的毕业生进入图书馆工作，补充新生力量，形成一个较为合理的高、中、低人才结构。这样才能有利于图书馆的长远发展和图书馆人力资源的可持续发展。

建构特色馆藏

服务是方向，藏书是基础。任何一个图书馆无论其拥有多么丰富的馆藏资源，都无法满足本馆各类读者的需求，这就需要图书馆藏书建设应朝着个性化、特色化发展，建构有特色的馆藏，保持图书馆的藏书活力。特色馆藏是一个图书馆所收藏的具有自己独特风格的文献资料，是区别于其他图书馆藏书的不同特色，是一个图书馆的"亮点"。

图书馆应在"学科性"、"专业性"和"地方性"上下功夫，馆藏局部优势要绝对突出，不求面面俱到，但求重点鲜明，所谓"人无我有，人有我优，人优我特"。因此，馆藏特色不应一味追求数量，关键在重质量，质量又要表现在特色上。要根据本校专业长远发展需要，选择部分专业文献或具有地方特色的文献为馆藏发展的特点，系统完整收集，并深入开发，建立自己的特色文献数据库。

尤其是要注意收集具有本校特色的文献。学校在建立特色学科和品牌专业过程中形成的学术著作、论文、科研成果、教改方案、所采用的教材与教学参考书、自编的讲义、实习指导书等都是不可多得的文献资料，对这些资料的收集、整理和收藏就可形成独一无二的特色馆藏，对于教育科研具有重要参考价值。

同时，还要注意对"灰色文献"的收集。所谓"灰色文献"是指一些非公开发表的内部资料，如学术研讨会论文、会议记录、科技报告、内部刊物、科研成果等。在产学研合作办学的背景下，师生有较多的时间参与企业的研发和生产活动，有更多的机会收集来自课题本身和企业、专业会议的"灰色文献"，这部分文献的收集和利用可促进本校的特色学科和品牌专业的建设，并满足部分社会读者的需求。

创新教育与图书馆建设

创新教育是世界教育发展的大趋势，也是我国教育发展的必然要求。它作为培养新世纪人才的教育思想和教育模式，已经被教育界广泛地认同。

图书馆作为国家创新体系的重要组成部分，是现代知识经济社会的动力源泉，是创新教育的重要阵地。在实施创新教育的过程中，图书馆的建设有着举足轻重的作用。

图书馆在学校创新教育中的主要作用

1.图书馆文献信息是创新教育的知识源泉

图书馆拥有各种学科的各类文献资料,古今中外,无所不包。这些知识信息作为公共信息存在,可以被很多人无限次地使用。

读者可以根据兴趣爱好博览群书,各取所需,在反复阅读、分析、判断的基础上消化、巩固、拓宽课堂所学知识,并博采众长,形成自己的真识灼见,在学习和思考的过程中想象力、思维能力及判断能力也相应得到锻炼和提高。也只有涉猎大量的知识并不断更新和拓展知识结构,才能产生创新的思维,培养创新精神,实现教育的创新。

2.图书馆良好环境是创新教育的自由空间

图书馆拥有大量的有序信息资源,它不仅能为读者提供丰富的知识,而且还为读者提供独立学习、独立思考、独立研究、自我教育的良好条件和环境。图书馆安静的学习环境,浓郁的知识氛围,能使读者全神贯注于知识的汲取,能够培养学生的学习习惯、学习态度,陶冶学生的情操。

图书馆的读者工作也重视教育和培养读者创造思维的能力,培养读者将获取到的知识进行分解、加工、整合成新知识的能力。图书馆能为读者提供宽松的空间以及民主、自由的学术环境和氛围,鼓励读者在知识的海洋中吸取营养、陶冶情操,在学习的过程中提出新观点、新思想、新理论、新方法,使他们的创造力尽可能地发挥出来。

3.图书馆是学校创新教育的补充和延伸

随着全球经济的发展,知识更新不断加快,计算机、网络迅速走近人们的生活,各种文献信息大量涌入图书馆,馆藏信息资源逐步数字化,因此帮助读者不断提高利用馆藏资源的能力,尤其是利用电子文献资源的能力,学习网络知识以及现代情报检索技能已成为创新教

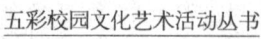

育的迫切需求。

指导广大学生利用新型文献资源，提高信息消费和知识消费水平，使图书馆成为课堂教学的补充和延伸。在创新教育过程中，图书馆的地位和作用都将取决于图书馆能否向读者提供所需的知识以及所提供知识的数量和质量。

图书馆服务要向文献知识的深加工领域转变，形成多元化、社会化的服务格局。丰富而有序的文献资源，图书馆员的帮助辅导，学生个性的充分发展，使图书馆成为因材施教、培养创新思维的"第二课堂"。

4.图书馆是创新型师资队伍建设的阶梯

当今交叉学科、新兴学科不断涌现，教师在教学、科研过程中要利用图书馆不断学习新观念、新知识、新成果以及了解掌握本学科最前沿的学术动态，使原有知识不断更新，在此基础上才能启发教育学生的创新思维，培养学生的创新能力。

一切科学研究、一切知识创新都是从学习、研究现有的文献资料为起点，图书馆浩瀚的文献资源是从事知识创新取之不尽、用之不竭的知识源泉。

通过对图书馆文献信息的学习，教师能够改变传统的教育观念，能够提高职业道德修养，能够补充学科或科技发展的最新成果、教育科研、学科教学论、学习心理等方面的知识，增强运用现代信息技术的能力，熟练使用各种教学策略和方法，提高自身的心理素质，以充分适应创新教育的要求。

学校图书馆在创新教育中发挥的作用

1.加强图书馆工作的创新

（1）图书馆管理创新要树立"以人为本"的思想。人是最活跃、最具决定性的因素，未来的图书馆竞争将由馆藏与建筑转向管理与服务，图书馆员在图书馆的文献信息的存贮功能、交汇功能和生产功能中将担任主要角色。

因此，要充分调动人的积极性，发挥人的能力，并以人的能力作为实施管理的最根本立足点和依靠力量，以人的能力提高为出发点，通过知识网络的环境，将人和组织的共同创新和发展作为管理工作的根本目标。

要建立各种管理制度。图书馆的各种管理制度应适应自动化、网络化的新模式，不仅要处理好继承和发展关系，还要协调好图书馆各部门之间、各岗位之间的关系。

健全的图书馆管理制度可以使工作人员明确职责范围、工作要求，使图书馆工作走向科学化、规范化、制度化。这样才能调动起各级人员的积极性、创造性，可以促进图书馆改革的深入，又能使图书馆更好地履行职责，提高办馆效益和服务质量，并促进各类型图书馆的协调与合作，建立可持续发展的图书馆管理体系，以保证图书馆事业的健康发展。

在管理方式上，要坚持利用现代科技手段实行网络化管理。实现文献管理、服务管理、人事管理及其它事务管理的自动化、规范化，是未来图书馆的发展要求，更是创新教育的要求。

此外，图书馆的管理创新还要求图书馆的管理是动态的、开放的，而不是静态的、封闭的。图书馆的管理本身具有开放性和运动性的特征。如果一味强调静态的管理制度修订和完善，而忽视管理过程中的动态性，将影响图书馆管理系统现代化的进程。要用全新的管理理念面对瞬息万变的信息社会，也只有管理创新才能创造更加有效的资源创新模式，发挥图书馆的整体功能，为实施创新教育提供必要的软环境。

（2）图书馆创新要有"科学是第一生产力"的观念。随着数字

化图书馆建设的日趋完善，网络中的所有图书馆均可实现互连，文献资源共享成为现实，加上互联网上的其他讯息，一个网状的巨大图书馆便形成了。读者可以在网络中的任何一个"站台"搭乘网络的"班车"去知识的海洋遨游。图书馆以"一个或几个网址为读者服务"将成为可能。图书馆的科技创新是实施创新教育的硬环境。

图书馆的工作人员在服务过程中具有重要的作用。新技术的应用已使图书馆工作手段发生了根本性变化，这就要求在图书馆服务中对传统服务思想、服务方法进行全方位思考，并在实践中积极改进和创新，以促进创新教育的深入。

在服务理念上，要树立"读者第一"的服务思想，一切从读者利益出发，时刻注意方便读者。图书馆管理的主要目的是提高图书馆的服务质量，满足读者对文献信息的需求。

（3）在馆藏文献上改变"重收藏轻利用"的观点。图书馆在服务方式上，要变被动服务为主动服务。图书馆要面向社会、面向读者、面向未来。要改变传统的守株待兔式地等读者上门方式，主动去接触读者，广泛进行社会调查研究，听取读者意见，收取读者的需求信息。

要变封闭式服务为开放式服务，传统意义上的单个图书馆是整个图书馆群的一个节点，各个节点之间联系甚微，图书馆相对比较封闭。现代新技术已经将各个节点之间连接起来，使"图书馆群"变成社会化的、具有现代意义的"图书馆网"。因此，我们要走出固定场所，摆脱传统文献处理方式和单个图书馆的桎梏。

建立以本馆为中心，从平面到立体的、辐射型的服务体系，注重本馆的特色建设，然后借助网络互通有无、实现共享并增加网络信息服务和网上图书浏览等方式。

变大众化服务为个性化服务，由于读者的需求层次各不相同，而且阅读倾向已向专业化、精密化方向发展，不能满足于图书馆提供的统一化、大众化的服务，而希望提供完整、有序、广泛，全过程、全方位、立体化的专题信息知识。

图书馆服务要根据不同的用户群体，对每个用户群体的不同个体提供有针对性的服务，提倡服务的个性化，利用各种手段、适时提供经过整理、分析、综合的信息和知识，对信息实现准确、快速的反馈和调控，提高读者的满意率。

变浅文献服务为信息服务，社会的飞速发展和知识量的激增，使人们阅读的知识相对变少，人们需要经过加工有序的知识。不仅要提供一次文献，更要搞好二次文献和三次文献的深加工，营造一个优质高效的组织环境和高雅宽松的网络环境。提供多层次信息咨询服务，实现知识的增值。

变单一服务为全方位服务。传统的图书馆往往只有借还，图书馆对读者要提供多方位的服务，同时这也是现代信息社会读者的一种需求。图书馆将会成为知识经济时代的文献中心、信息中心、咨询中心、研究中心。

2.加强图书馆藏书的建设

图书馆藏书是实施创新教育必备的物质基础，藏书的数量和质量在一定程度上直接影响了为创新教育服务的水平。随着创新教育的开展，学校普遍进行课程体系和课程内容的改革。为此，图书馆的藏书结构与模式也要相应发生转变和调整，在学科类型方面，应改变过去那种过分强调和偏重专业教育文献资料的做法，注意收藏基础学科、相关学科、交叉学科和边缘学科的文献，藏书结构由单一性向综合性转变。在文献类型方面，应注意电子文献和视听资料的收藏，逐步增加其在馆藏资源中所占的比例，以满足师生的阅读需求。

3.开设图书馆文献检索课

开设文献检索课是增强学生情报意识,培养学生掌握和利用文献与信息的最直接最有效的手段。同时也是创新教育的需要。图书馆应充分重视利用图书馆的教育,把文检课列入选修课或必修课,以提高学生对情报资料的收集能力、选择能力、处理能力、吸收能力和利用能力,完善其知识结构。

随着学校课程体系朝横向复合型转变,文献检索课也应改变过去课程内容局限于专业和科技文献检索的做法,相应增加人文社会科学课程、学科类基础课程的检索内容。另外,文献检索课必须相应增加计算机检索内容,使学生熟练掌握机检的方法与技能,这必将极大提高学生的科研能力。

4.加强图书馆的导读工作

图书馆的导读工作是读者服务的一项重要内容,也是实施创新教育的途径之一。图书馆的导读工作应立足于读者的能动性和自主性,以"提高读者的阅读能力,即选择文献、利用文献、理解读物和消化知识的能力"为目的,加大导读工作力度,深化导读工作内涵。

图书馆可编制导读书目、推荐书目和教学参考书目,开展书评活动,举办导读讲座、约题讲座、读书报告会以及专家导读等,对大学生进行阅读指导,使学生学会科学的阅读方法和技巧,提高阅读效率和质量,培养和提高学生自学研究的能力。

总之,图书馆在学校的创新教育中有着得天独厚的优势,一定要积极重视和充分发挥这一优势,使图书馆成为实施创新教育的重要阵地。

发挥图书馆的使用效率

图书馆工作的优劣,不仅要看图书管理工作的好坏,还要看它的使用效率。发挥图书馆的使用效率,应从许多方面入手,去建立良好的运行机制。

管理人员政治思想素质必须提高

图书管理人员应提高自身素质,努力做好本职工作,这是管好、用好图书的首要条件。既要在思想上认识到图书馆是教学阵地,又要意识到它也是学生开阔视野的第二课堂,能逐步培养学生动手、动脑

能力,使他们读好书,读"活"书,从书中吸取丰富的营养。

一个好的管理员要具备许多素质。认真学习文化和专业知识,不断提高自身文化素质,丰富管理水平,使管理更趋于科学化。了解藏书情况,以"摸清家底",现藏哪些书,还缺哪些书,做到心中有数,便于有目的有计划的补充藏书。

热爱图书管理事业,爱岗敬业,全心全意为师生服务;在工作中要做好读者信息反馈的收集工作,及时了解他们的心理活动情况,把来自各渠道的信息汇报给学校领导,寻求解决。

掌握学校工作安排日程,便于及时向学校师生开放图书,并向他们推荐好的书籍。做好图书的借阅和回收工作,做到遗失要赔,损坏要补,爱护好图书。

提供一个科学便捷的外借渠道

外借工作是图书流通的一种主要形式。它直接向读者提供馆藏图书,供读者使用。只有通过外借流通,图书馆藏书才能得到充分的利用,读者才能读到自己所需的书,满足自己学习、工作的需要。

首先让全校师生了解图书馆,参观图书馆,激发他们的读书欲望。

做好向师生介绍书籍的宣传工作。及时用海报、墙报或新书介绍、新书目录、新书陈列的形式向师生介绍评价一些新出版的适合师生阅读的书目,推荐有利于师生工作学习的参考书,指导他们选择有用的书籍,并学会使用目录卡,使图书馆成为他们的良师益友。

能通过学校召开学生家长座谈会,介绍图书的使用管理,发动全校学生自愿办理借书证。这样,为发挥图书的使用效率,加强图书管理打下坚实的基础。

坚持教育方针,引导学生正确的阅读方向

在培养学生课外阅读能力的漫长过程中,教师所起的作用是非常重要的，因此教师必须做的工作就是积极发挥引导作用，加强对学生课外阅读的指导，指导学生如何选择恰当的图书、如何制定科学计划、如何掌握正确的方法等。

从理性的高度来提高学生对课外阅读材料中理性知识的认识，引导学生深刻挖掘蕴藏于生活现象中的内涵，引导学生由此及彼，从简单的、表层的、看似普通的生活现象中引出深刻的道理。

1.以身作则，做好榜样

要求学生大量阅读，教师自己也必须做到博览群书，以自己独特的人格魅力来感染学生，帮助学生树立起阅读的信念。在平时的活动和交流中，通过指定的阅读材料，师生认真探讨不同类型作品的鲜明特征，认真揣摩和体会作者遣词造句的特点，共享读书的乐趣。在此过程中，学生逐渐受到教师的影响，也开始用心地读书，那么良好的自主阅读的习惯就会在不知不觉中形成了。

2.因材施教，科学引导

学生经历不同、家庭环境不同、经济条件也不同，必然会使他们有不同的兴趣爱好、不同的心理需要，这是客观存在的。教师必须承认这种差别的客观存在，做到求同存异，并且及时予以肯定和表扬，使学生充满阅读的信心和勇气，就能充分调动学生阅读的积极性，变被动阅读为主动阅读。学生愿意学习，就达到事半功倍的效果。如果学生在阅读中感受到了快乐，也就逐渐开始喜欢阅读，养成经常阅读的习惯。

3.关注进步，享受快乐。

每个人都喜欢得到表扬和鼓励，小学生也不例外。在课外阅读上，他们更希望能够得到教师的鼓励和赞扬。教师要多关注学生在课外阅读方面所取得的点滴进步，譬如看到学生能静下心来看一本书，能尝试去读自己未曾读过的书，能做到一点读书随笔等，教师就要及

时地给予适当的表扬和鼓励，使学生受到鼓舞，以激发他们积极向上的阅读动力，激发他们强烈的求知欲望和尝试心理。

教师在指导学生开展课外阅读的过程中，充分地肯定学生所取得的点滴成绩，更让学生感到教师时刻在关注着自己。这样就会产生只要努力就取得成绩的信念，久而久之，学生的语言表达逐渐顺畅了，感情表现逐渐丰富了，与人交流的困难也逐渐消失了，开始体验到阅读的快乐，也更愿意开展课外阅读，实现了良性循环。教师也会体验到成功的快乐，与学生分享快乐。

加强行之有效的课外阅读指导

图书馆除了可以开展专题讲座、民主讨论、图书评论、故事会、知识竞赛等各种形式的导读活动外，还要重视课外阅读向课堂教学渗透。图书馆应争取工作的主动性，重视与各科任教师的协作和配合，由教师根据各年级各学科课外阅读推荐书目的读物，向学生推荐。

随着科学技术日新月异的发展，新课程改革、新的教学理念、新技术、新方法的不断涌现，对图书馆工作人员的要求将上一个新台阶，这为充分发挥图书馆的教育功能，使学生掌握科学文化知识，更好地适应新世纪社会对人才的需要服好务，为实现新世纪基础教育的奋斗目标做出贡献。

利用图书馆提高学生素质

学校图书馆的读者是学生，在实施素质教育的过程中，它能够提供给学生许多课本无法学到的知识，能够扩展和延伸学生课堂的学习，帮助学生扩宽知识视野，弥补学生更多的知识营养。

而多数学生往往在书山中盲目地走着所谓"勤之径"，把"勤"字简单地理解为多读、多看、多借阅，因而在"学海"中来回游弋，找不到目标方向。

学校图书馆要让每一位学生通过阅读建立合理的知识结构，促进

学生的全面发展，为学生整体素质的全面提高起到积极的辅助作用。

启迪思想，指导阅读，培养思想素质

良好的思想品德需要优秀的教育方法。图书馆丰富的知识信息，可对学生思想进行潜移默化的教育，陶冶高尚的情操和思想品质提供了一个"润物细无声"的教育场所。对学生的不同心理特征可进行分层指导。

1.开阔眼界，了解现实生活

指导学生读历史小丛书，中外名人传记等，激发爱国之情，确立报国之志。

2.塑造新品质，吸收好思想

有针对性地指导学习《雷锋》、《张海迪》等书籍，让主人公的理想、人生追求、奋斗目标及思想品质生动形象地展现在学生面前，给学生以启迪，使学生能较好地调解生活学习情绪，真正品位体验人生的每一步。

开发智力，指导阅读，提高写作能力

图书馆是学校教育的"第二课堂"。教师积极主动地开展丰富多彩的读书活动，可通过利用书刊，让学生多动脑、多观察、多动手，发展学生的个性和创造性，使"第二课堂"并不"第二"的思想深入学生心里。

1.利用橱窗

多介绍文学名著的写作方法，经行指导，在提高学生文化修养的同时，也能提高学生的艺术鉴赏能力和写作能力。

2.利用黑板报

学校小广播多发表学生的读书笔记和优秀习作，积极引导学生博取众长，提高语言表达能力。以意境深远、感情真挚、真、善、美的文学来呼唤人生，塑造美的心灵，确定主题旋律，以此来提高文化修

养和思想境界。

3.指导中阅读

从"名家短篇"中，巧设问题，从中激发学生的好奇心和阅读兴趣，诱发学生去探索和思考科学之奥秘、艺术之魅力，将属于书刊的信息转化为自己的知识，培养学生自主学习的能力，鼓励学生认真读书，做好笔记，为写作能力的提高打下扎实基础。

陶冶情操，指导阅读，增强自觉抵制能力

学校可从图书馆丰富有趣的资料中筛选精华，指导学生会读勤读，丰富精神生活，进行自我教育，养成良好的生活习惯方式，自觉抵制吸烟、酗酒、早恋、打群架、搞小黑帮等不良行为，用科学的知识保护自己健康的成长，促进学生的正常发展。

1.向学生推荐阅读书刊

通过学生的自我教育和提高，自觉进行思想品德情感、意志诸方面的自我修养。

2.组织心理和法律讲座

学校可组织进行"读书征文"，实践体验生活等活动，使学生在伟人、科学家的成长轨迹中，看到人生观、价值观和面对挫折的勇气，引导学生正视自我，反思自我。通过法律知识讲座，及时开展"学法传法"活动，遵纪守法，培养高尚情操，使学生的心理素质得到表现和锻炼。

3.开展咨询活动

学校在讲解课内知识的同时，也应该开设心理咨询活动辅导，与学生有感情沟通，在认真倾听学生心声的同时，努力指导学生学习健康心理读物，使学生的各种心理障碍得到消除或缓解，增强战胜困难和挫折的能力，培养学生独立、健康、快乐、诚信、进取、开放、和谐、创造性的心理品质。

培养教师自学能力,提高教师自身素质

做学生阅读指导的良师益友,努力养成学生良好的读书习惯。学生阅读能力的提高,教师的阅读指导是关键。要求教师多研究组织创造性的阅读指导活动,全面提高学生的综合素质。

1. 教师要全面提高自身素质

首先爱岗敬业、热爱学生、博学多识,有较高的阅读鉴赏能力,加强自学能力方面的专题辅导。

2. 要求教师有良好组织能力

能指导开展好各种读书活动,有目的地培养学生的自学能力,加强自学能力方面的专题辅导。

3. 提升教师文化修养和人格魅力

这对培养学生的自学能力,巩固课内知识,提高阅读能力和写作水平及学生良好的自学习惯有着积极的作用。素质教育已成为一种科学的教育思想,是一种体现时代精神和社会发展需要的教育理论。

在学校教学体制中,它呼唤新的教育,它呼唤教师的新意识,我们要充分发挥图书馆的优势,为推进学校的素质教育积极尝试创造性阅读指导的方法,使学生乐读、会读、优读,全面提高综合素质,培养德才兼备的人才。

学校图书馆的管理及职能

学校图书馆是学校教育、教学的辅助机构,也是学校实施素质教育的重要阵地之一。加强图书馆的管理,发挥图书馆的职能,对于提高学校教育、教学质量,推进素质教育的开展,意义重大。

常规管理职能

图书馆的常规管理是图书馆的一项基础工作,做好这一工作对图书馆其它职能的发挥是必不可少的。

1. 添置新书

师生对图书的需求是无限的,而学校用于购书的资金是有限的。因此,在添置新书时要注意满足师生的迫切需要,特别要满足提高学生素质的要求,应多购置一些教学参考书和健康有益的课外读物。购书时还要注意藏书结构的合理性,要确保图书的质量。

2. 登记排架

图书登记有一定的要求,要严格按有关规定登记上册。图书上架应分门别类,科学规范。新书应专辟书柜,分类排架,放在方便的位置,便于师生查找。

旧书注销要按有关规定，经主管部门领导批准后，方可办理注销手续。

3.借阅流通

藏书的目的是为了师生借阅，应制定并严格执行各项规章制度，规范借阅手续。图书借阅应有一定期限，让更多的人能借阅所需书籍，确保借阅渠道畅通。

4.平时护理。

平时要经常做好图书的防尘、防潮、防晒、防霉、防蛀、防火等工作，还要做好破旧图书的修复工作，延长图书的使用期，保证所藏图书顺利流通。

主要服务职能

图书管理人员作为学校的教辅人员，应本着服务于教育、教学工作的思想，积极开展工作，发挥服务的职能。

1.积极推荐新书

学校添置新书后，管理人员应及时公布书目，定期出刊新书简介，及时向广大师生推荐，以促进新书及时流通。

2.开展读书、评书活动

图书馆应多与学校团委等部门和班主任沟通联系，积极开展读书、评书等活动，以拓宽学生的知识面，培养和提高学生的阅读和写作能力。

3.扩大借阅时间和空间

管理人员要充分考虑学校现有条件，多一些奉献精神，要充分利用中午、放学、双休日等学生自由支配的时间，积极为学生借阅提供方便。同时，应积极创造条件，变"窗口式借阅"为"开放式借阅"，让学生根据自己的需要，有较多的选择图书的余地。

4.购书、借阅预约登记

由于种种原因，有时师生需要借阅的图书缺乏或外借未归，为使师生有更多的时间放在教学工作上，图书馆可开设预约登记业务，使师生既节省时间，又能及时借阅到所需书籍。

主要教育职能

学校图书馆是学校教育工作的一个窗口，应该充分利用图书馆、阅览室阵地，发挥教育功能，培养和提高学生的素质。

1.环境布置

文明整洁的环境可以陶冶学生的情操，管理人员应积极想办法布置好图书馆、阅览室的环境。环境的布置要简朴、宁静、高雅，使之与图书馆应有的文化氛围相协调，使学生来到这里就能置身于知识的海洋中。

2.习惯培养

管理人员应经常督促和教育学生爱护图书，爱护报刊杂志，教育学生保持整洁、安静的良好阅读环境，从而逐步使学生养成爱护公物、关心他人的优良品德和静心学习的良好习惯。

3.养成文明行为

良好的阅读习惯是文明行为的一个方面。管理人员在对学生进行教育、管理时，尤其要注意态度和蔼，不可粗暴训斥，更不能恶意谩骂。要以正面教育为主，多树立优秀典型，给予表扬。让学生在潜移默化中养成文明的行为习惯。

总之，学校图书馆是学校的一个职能机构，在学校教育、教学工作中应当充分发挥自身的作用。

关于数字图书馆的建设

数字图书馆的概念

随着计算机技术的迅猛发展，特别是网络技术、数码存储与传输技术等的全面普及，使得人们对文献信息的加工、存储、查询、利用等方面有了新的要求，数字图书馆也就应运而生。

从众多的定义表述中认为数字图书馆是：以组织数字化信息及其技术进入图书馆并提供有效服务。几乎图书馆的所有载体的信息均能以数字化的形式获得，包括所有联机采购、编目、公共查询；对各种信息资源的检索，通过网络组织读者访问外界数字图书馆和文献信息数据库系统，如电子杂志、电子图书、声像资料、动画片、影视片、多媒体资料等，用计算机系统管理图书、期刊等的读者服务。

与传统图书馆比较

传统图书馆的馆藏载体主要是纸质文献，与之相比数字图书馆对藏书建设的影响，首先表现在图书馆"馆藏"的含义已被扩展，不仅包括不同的信息格式，还包括不同的信息类型，因而使得数字图书馆不再受制于物理空间，它所能收藏的书刊等资料的数量也没有空间制约。

传统图书馆中常常进行的一些手工操作，如装订、上架、归架及核点书刊等，在数字图书馆时代将会消失。另外，数字图书馆还能有效的解决传统图书馆中破损、遗失、逾期不还等各种问题。

从检索方式上看，用传统的检索方法，读者往往要在众多的卡片前花费不少时间，使借阅者感到不便，查全率和查准率都难以提高。而数字图书馆则是依托于数据库界面友好的搜索引擎，使读者能更快、更准确地进行检索，为读者带来极大的方便。

数字图书馆能实现资源共享，使异地信息本地化。数字图书馆的阅读空间不再局限于屋里的阅览室，通过计算机网络可以把大量的网络信息资源传送到用户的家里或办公室内，用户可以同时存取不同地点的数字图书馆信息资源，从而也加强了与读者的沟通。

建立数字图书馆意义

数字图书馆的建立为实施科教兴国战略和提高全民族素质提供强有力的文化基础支持。数字图书馆工程将会根本改变我国文化信息资源保存、管理、传播、使用的传统方式和手段，克服我国文化信息资源得不到有效利用和共享的弊病，为知识创新和两个文明建设营造一个汲取文化信息的良好环境。特别对信息不畅通和文化比较落后的地方，只要联通数字图书馆的网络系统，都能方便地使用丰富多彩的文化信息资源。

数字图书馆建设应解决的问题

1.数据的存储问题

磁盘等存储工具上的信息只能保存十几年，因为它要经受温度、磁场、记录存储格式、硬件配置、新旧系统间的互换等多方面的影响，尤其是软件与硬件技术设备迅速更新的影响。

2.数据的传输问题

数字图书馆能得到充分使用的一个必备条件是要有足够的带宽，以保证快捷地传输文本、语音、图像、影像资料。多媒体点播系统、全文存储和全文检索对网络的带宽都有较高的要求。

3.信息安全与防护

信息安全问题是计算机网络界最为头疼的难题，也是数字图书馆建设中的最大难题之一。信息安全的威胁来自计算机病毒、黑客对信息资源的攻击、不法分子蓄意摧毁系统的处理能力或破坏系统的通讯装置。

4.经费投入问题

数字图书馆的建设需要投入大量的人力、物力、财力以及时间，尤其是设备的更新、数据的存储、传输、纸质文献的数字化，都需要大量的经费投入。如果仅依靠图书馆的力量，"以文养文"是行不通的，因为图书馆具有社会性和公益性，肩负着传播文化知识的使命。另一方面，向用户收取数据使用费还要受到用户经济承受能力的影响和制约。因而，目前数字图书馆的建设经费还主要依靠政府或上级主管部门的投入。

5.馆员素质问题

数字图书馆与传统图书馆相比有着很多不同，所以数字图书馆员应成为数字化信息专家，要掌握计算机技术、多媒体技术，网络技术，信息的存储、检索、传播技术；要提高外语水平，以便在丰富的英文信息资源中获取有用的信息；还要有扎实的语言文字功底，以便将网上的信息做深层次的加工。从目前图书馆员知识结构的现状可以看出，符合这些要求的高素质人才严重不足，还远远不能满足数字图书馆的要求。馆员的继续教育和知识更新势在必行。

农村小学图书馆建设指导

农村小学图书馆建设的问题

1.数量少

小学图书馆服务辐射面相对较窄，各校图书馆主要以本校师生为借阅群体，其藏书量少，规模小，不能满足需要。

2.缺乏管理

绝大多数学校图书馆在创建时依赖各级领导和有关部门一次性赠书，缺少日常购书经费，没有稳定的管理机制。特别是边远山区、少数民族地区，基本设施不足，通过"检查验收"后，就任其自然了。

3.经费不足

经费不足是图书馆普遍存在的问题。目前投入仅靠临时的拨款或某领导、某单位的少量赠书，难以维持健康发展。

4.内容陈旧

部分图书老化、过时。当前图书有相当一部分是时代的产物，随着时代的变迁不能适应现行社会的

发展,甚至有些早已被淘汰,严重影响到教师教育教学的运用和学生对知识的吸取。

农村小学图书馆建设建议和措施

1.学校与周边相关单位联盟建设

联盟发展是当前公共图书馆、高校图书馆的热门话题和实践模式,在当前一个开放的社会化大环境下,联盟建设是一种必然的选择。联盟建设是指学校与办事处或其他机构,根据互惠互利的原则而开展的图书信息和服务的交换。

学校图书馆要破除"自办自利"意识,树立"社会大图书馆"的理念,采取多室协作、互为补充、联合一致建设。联合的目的在于实现资源共享,不论室际互借、文献传递,还是分工收藏乃至人才培养,都有特别重要的意义。对学生而言,它大大地拓展了可利用资源范围,对图书馆自身来说,找到了生存之道:同舟共济,以避免各自衰退。

2.组建班级图书角、图书箱

以班为单位，鼓励学生把自己的书拿出来，在教室的一角放置图书角或图书箱，让学生之间互通有无，扩大学生的阅读面，加强学生之间的交流。

3.鼓励人们为图书馆捐书

图书馆收到捐赠图书后，要向捐赠者出具收藏证明或感谢函，并依据图书馆实际情况和发展需要，对捐赠图书进行认真细致地加工，编入图书馆书目数据库，使捐赠图书得以最好的收藏、保管和利用。

图书馆对捐赠图书进行汇总后，将不定期地在图书馆网站主页公布捐赠书目与捐赠人名单，以表示对捐赠者的公开感谢。对于不符合收藏标准的捐赠品，图书馆将以合适的方式进行处置。

4.适当采购旧书、打折书

在旧书市场，有相当一部分书不过时，如《雷锋的故事》、《平凡的世界》等优秀著作，其价格便宜，可读性强。此外，一些书店因经营不善或转向经营，店内图书打折出售，学校可借此机会选购部分优秀图书，充实图书馆，物美价廉。严禁采购盗版书籍和劣质书刊。

5.搜集内部刊物和本地著作

内部刊物大多免费交流，其最大特点，不用出资，可读性较强较实用。

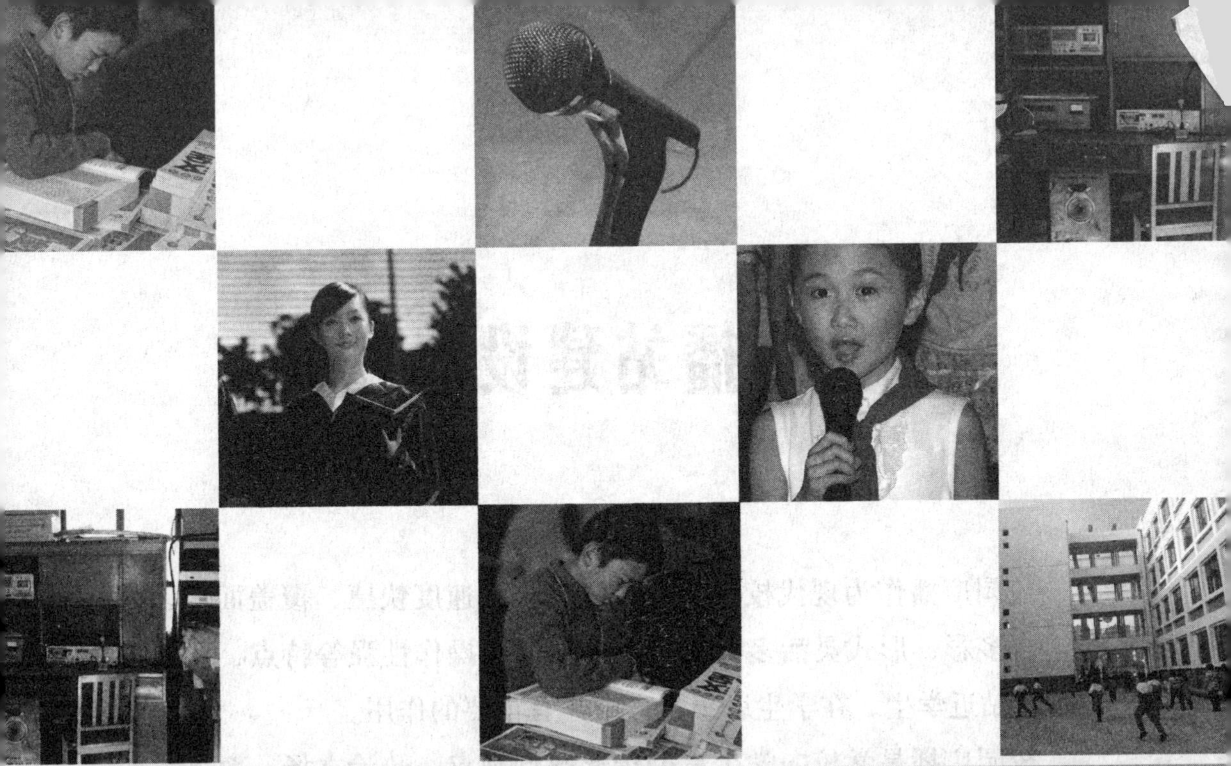

NO2.学校广播站的建设与活动指导

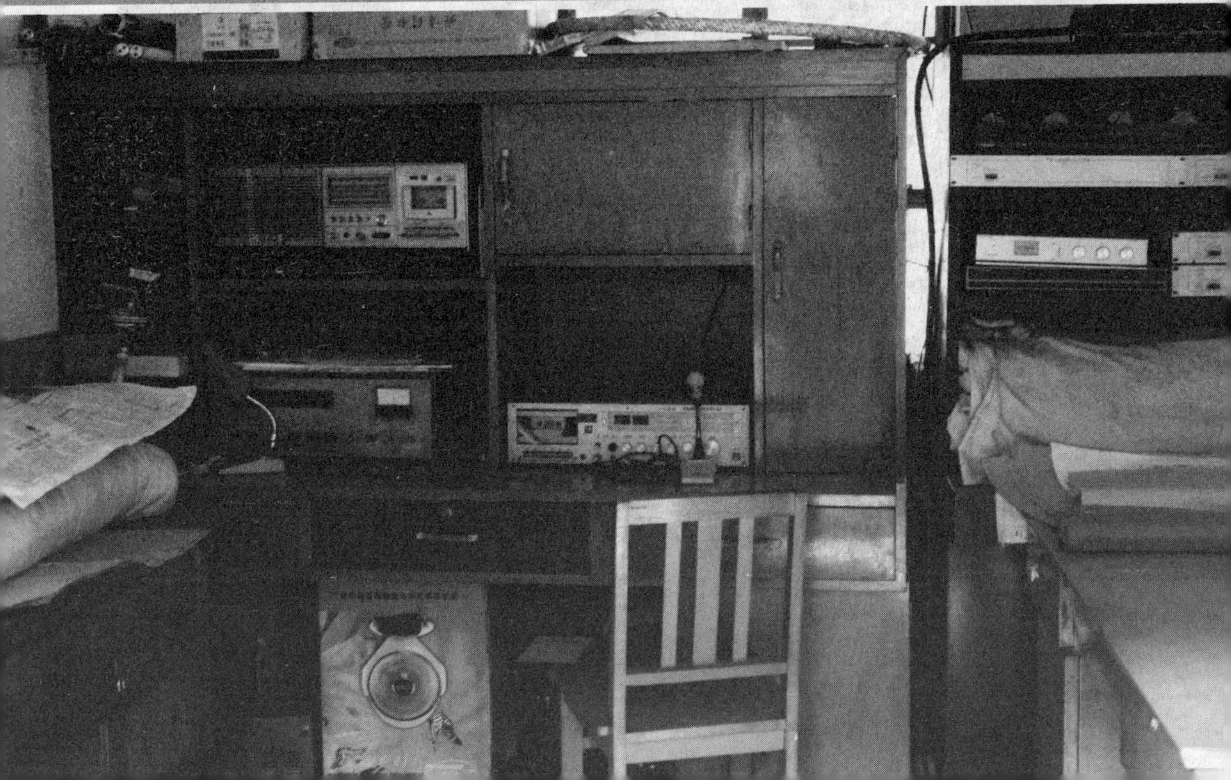

学校广播站建设的意义

校园广播作为现代校园传媒，以其传播速度快捷、覆盖面广、内容丰富多彩、形式灵活多样、广播运作的可操作性强等特点，可以最大程度贴近学生，在学生思想教育中具有重要的作用。

校园广播是学校向学生贯彻传递政治观点、政治立场、育人方向和培养目标的重要工具。校园广播作为政治宣传舆论工具，其最大特点是传播速度快、受众面广，它克服了一般思想教育中受空间、人数限制的局限,学校向学生传递的教育内容、思想观点，学生只要身处校园

中任何一角,都可在第一时间受到教育和影响。因此,学校要充分重视和善于发挥校园广播在政治思想宣传方面快捷而又广泛的特点。

校园广播是弘扬校园正气、抑制社会邪气的有力舆论工具。弘扬校园正气、抑制不良邪气,是思想政治工作者日常的重要任务,同样也是校园广播的基本职责。校园广播作为舆论工具有导向和监督作用。从实际情况看,通过广播传导正确舆论监督错误舆论,往往比思想政治工作者单独面对面的做思想工作更省时省力,更具有震撼力和约束力。

校园广播是优化校园文化氛围的有效载体。校园广播对校园文化优化的作用最明显地表现在,它能很好地配合学校一些活动的开展。思想政治工作通常是以活动形式展开的,活动过程最关键的是要有氛围作铺垫,包括活动前的舆论制造、活动中的宣传报道、活动后期的舆论延伸,都需要校园广播给予支持,可以说任何一项学生思想教育活动缺少广播的支持,它将大为逊色。

校园广播的服务性弥合了学生思想政治工作的服务性。为学生服务不仅是当前学生思想教育工作的任务,也是校园广播的重要特性之一。

首先,学生是学校办学的主体,学校的一切工作都是围绕学生展开的,广播也理所当然要为其服务;其次,学生在校期间需求是多方面的,既有学习上的又有生活上的,既有物质上的又有精神上的,这些需求靠自己、靠同学、靠老师都不可能一一解决,而校园广播则可以发挥某些优势帮助解决,如获取有关知识、交流情感、传递友谊、提供信息、展示才华等等。从这个意义上讲,校园广播的全部活动都要建立在紧紧围绕服务于广大学生为根本任务和宗旨的基础上。

学校广播站的建设指导

校园广播站的建设影响深、任务重，需要在实践中不断完善。如何完善校园广播站的建设，充分发挥其特定的功能，到底从哪些方面入手呢？

明确发展指导思想和特定功能

许多学生对广播站的指导思想、功能的认识是模糊的、肤浅的，甚至是错误的。在平时的广播中应该用多种方式，使学生们明确广播站的指导思想是为了适应教育发展的趋势，满足教育改革、校园文化建设和学生成长成才的需要，明确校园广播站的功能。

1. 德育功能

校园广播站作为学校的宣传机构，必须首先遵循学校的指导思想，办学方针，做好学校的喉舌，把握好舆论的导向，才能有效地协助德育部门开展教育。

作为校园广播站，一定要设置许多适应学生需要的版块，以更加贴近听众，适应听众。

新闻节目，如《早间新闻联播》、《一周新闻回顾》，使学生了解国内外重要时事，进而关心国家大事，激发爱国热情。

文学天地，如《校园文摘》、《精文阁》、《好书解码》，目的是激发学生的学习热情。

心理教育，如《心灵窗口》、《校园闪光点》、《为人处世》，引导学生增强心理素质，学会做人。

知识窗，如《海外校园》、《快乐之旅》、《名人逸事》、《生活小常识》、《生活时尚》，可以增长学生的见闻。

自我天地，如《青苹果剧场》、《圆梦天地》，使学生学会创造。

通过这些形式多样的节目，发展同学们的爱好兴趣，潜移默化地教育学生爱国守法、明礼诚信、勤俭自强、敬业奉献、团结友爱，使他们学会做人、学会求知、学会生活、学会创造。

2.促学功能

广播站的工作岗位是促进学生成长进步的阵地。广播员是经过考试、面试等环节脱颖而出的具有一定广播能力的学生，但是要连续被录用，他们必须不断完善自己、充实自己，丰富自己，增强自己的口头表达能力、普通话水平、写作能力、思维能力。

广播站的节目覆盖学生生活的方方面面，知识性强。各种形式的节目引导学生积极投稿，促使同学们博览群书，勤于动笔，这样不但可以开阔他们的视野，丰富知识，而且也会调动学习积极性，很多学生会因此成长起来。

3.服务功能

广播站负责播放广播体操和眼保健操的口令；传递学校的通知以及学生会各部门的会议通知；通过播放一些轻松愉快的乐曲，使广大师生在紧张的教学之余得到放松；为广大师生传情达意、加强沟通等等，都体现了广播站的服务功能。

以上三个功能，德育功能是最重要的。学生明确了广播站各项功能以及这些功能的主次位置，有利于正确认识广播站，并充分利用这个阵地，自觉锻炼成长。

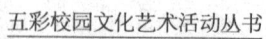

制定针对性和前瞻性工作制度

经过讨论、研究,并总结多年广播站工作的实际情况,可制订有针对性和前瞻性的工作制度。

其主要的内容是把广播站日常的工作原则、纪律、方法等以书面的形式确定下来,使全体师生对广播站的工作有总体的认识。

1.招聘制度

为保证广播站的播音质量,广播员必须具备良好的素质。因此,对报名当广播员的同学要进行严格的考试,主要是口试,主要考查他们的普通话水平、口头表达能力、应变能力等。

招聘的时间学校可自行规定,一般在新学年的第一学期中段考试前后。能够通过口试的同学名额确定后,进入试用期。期满后择优录用为正式广播员,任期为一年,一年之后,按照广播员的思想品德、工作作风、学习情况、工作实效等决定是否对其续聘。

对于思想落后、作风散漫的广播员,进行"下岗"处理。可民主选举或以其他方式设立站长,负责日常的管理工作。这样可以激励学生不断学习,树立责任感,主动开展工作。

2.日常播音制度

学校广播站每天固定时间开播。例如每天开播四次,分别是早上6:45—7:10,11:20—11:45,中午1:45—2:15,下午5:05—5:35。

广播员要认真做好备播工作,依时值日,不做其他与广播无关的事,采用普通话播音,值日的广播员当天要搞好广播室的清洁卫生,保管好学校的广播器材等。

3.例会制度

广播站每个星期召开例会,时间固定。例如星期三早读时间为学习会议,主要是学习普通话、广播技巧、朗读等,由每个广播员轮流辅导。星期五早读时间召开工作会议，总结一周以来的工作情况，指出值得提倡的或做得不够的地方，讨论改善的方法，发表个人意见等。

例会制度是提高广播员的业务素质，广播员进行自治、自理、自我完善的有效途径。

4.评优制度

为充分调动广播员的积极性，在每学期都评选优秀广播员，并由学校予以表彰、鼓励。优秀广播员名额数固定，评选条件是根据广播员的工作表现、思想表现、学习表现等。这项制度在一定程度上激励、鞭策着同学们不断进取。

精心指导，加强广播员思想教育

指导老师要适时在例会上或通过个别谈话等方式引导和鼓励他们，使广播员正确认识自己的不足，扬长避短，尽量做到全面发展，在广大同学中起良好的示范作用，以达到以点带面的教育目的，保证良好的广播质量。

播放一些健康、上进的歌曲，大胆、放手让学生进行自我管理，在广播站中形成一种民主、平等、团结、务实的良好氛围。广播站的工作千头万绪，需要不断完善、不断改进。

1.改进硬件设施

学校要想收到更好的效果，必须积极创造条件改善硬件设施，只有优良的设备，才能令更多学生关注广播站，使学校的宣传深入人心。

2.广播员素质培养

在广播员的培训上要不断增加广度和深度；定期举办大型的活动，如与外校广播站进行工作经验交流，组织参观访问电台、电视台，组织普通话比赛、朗诵比赛等。

一支优秀的广播员队伍构成了校园广播站的"软件"，具备了良好的硬件和软件，广播站的面貌才会永葆活力。

3.适时调整节目

继续完善学校喉舌的功能，保持一贯地支持、协助学校的德育工作。目前校园广播站在学校学生社团工作中扮演越来越重要的角色，在学生生活中也占据了越来越重要的位置，日益成为德育部门进行宣传教育、发挥学生主观能动性的有效的载体。学校要不断地摸索，借鉴先进的管理模式，把严格要求和大胆放手紧密结合起来，不断促进广播站的健康发展。

学校广播的新闻写作方法

新闻的种类及特点

狭义的新闻又称"消息",有关词典的定义是:最广泛使用的一种新闻体裁。在形式上,它有明确的导语和标题;在写法上,通常采用倒叙法,先用极简要的几句话说明全文的目的或结论,以唤起读者的注意,使读者脑子里先得到一个总概念,不得不继续看下去。

1.新闻的种类

新闻的分类有不同的标准。按其性质分,有政治新闻、经济新闻、科技新闻、军事新闻、社会新闻等;按发生地区和范围分,有

国际新闻、国内新闻、校内新闻等；按内容和形式则可分为动态、综合、典型新闻等。根据一般的方法，将新闻分为以下几类：

（1）动态新闻。这是报纸、通讯社、电视台使用最多的一种新闻体裁，是对国内外重大事件和社会生活中的新情况、新变化、新成就、新动向的报道。这类消息的显著特点是篇幅短小，时效性极强。

（2）综合新闻、又叫综合消息，它是反映带有全局性综合情况、动向、成就和问题的消息报道，常常把不同行业、不同地区的活动和事例，围绕同一个中心概括起来加以报道。

（3）典型报道、又称经验消息，它是对学校某个部门、地区或单位在执行党的路线、方针、政策中所取得的新经验的报道。通过典型报道，可以带动全局，指导一般。

（4）新闻述评、又称评述消息，它是介于消息和评论之间的一种新闻体裁，兼有消息和评论两种作用。它常常是在事件告一段落或发生转折时及时地加以报导和介绍，在诉说事实的同时，分析形势，研究动向，指出发展趋势等。

（6）特写新闻。这是一种特定的手法，就是采用放大和再现的电影近镜头手法，去描写新闻事件和新闻人物的消息报道。特写新闻往往抓住事实中一两个有意义、有情趣、有影响的要素或片断加以再现和放大，重点写一两个画面，向人们展示事件的一点或一个横剖面。

2.新闻的特点

目的明确，有的放矢。

反映迅速，时效性强。

内容真实，准确无误。

语言精练，篇幅短小。

新闻在形式上以灵巧见长，因而篇幅短小；语言精练，多不过数百字。

新闻内容及结构形式

一条完整的新闻消息，一般包括标题、导语、主体、背景和结尾五部分。

1. 标题

标题是新闻的眉目，是新闻内容的精粹所在。标题是新闻给读者的第一印象。标题别致，旧闻也会增色；反之，新闻也无光彩。

新闻的标题有正题、引题和副题等形式。正题是标题的主体部分之一，一般概括标题的主旨，点明立意之所在。引题和副标题则是介绍背景、烘托气氛，或对正题予以补充。写好新闻标题，需做到：准确，符合新闻内容；鲜明，有鲜明的政治倾向和新闻价值；生动，新鲜活泼，具体形象，最好带点文采；简练，用较少的文字概括和包含较多的新闻内容。

2. 导语

导语就是消息的开头，它要求用简明扼要的文字，写出消息中最重要、最新鲜、最精彩的事实，揭示全文的主题思想，以便使读者了解主要内容，并引起读者的阅读兴趣。导语是从事实中提炼出来的精华部分，具有统领全文的作用，因此，有人称之为"消息中的消息"。导语的写法多种多样，常见的有以下几种：

（1）直叙式。就是用最简练的语言，扼要叙写新闻中最主要的事实，给读者以开门见山、直截了当、一目了然的印象。直叙式导语是最基本最常用的写法。

（2）设问式。以设问开始，把新闻消息里所要解决的问题或所要介绍的经验更尖锐、更突出地提到读者面前，以引起人们的关注和深思。设问之后立即用事实作出回答。

（3）描写式。文章一开始就针对消息内容中富有特色的事实或有意义的某一侧面，用简洁的笔调勾出它的形象，从而给读者以鲜明、

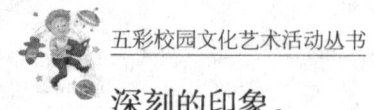

深刻的印象。

（4）评论式。新闻的开头就对所报道的事实进行精辟的、画龙点睛式的评论，以揭示事物的性质、特征或作用。

（5）结论式。它把新闻事实的结论或结果，一开始就写出来了。

（6）对比式。运用对比或衬托手法，把作者要说的事实和观点鲜明地突出出来。

（7）引用式。引用新闻中主要人物的精辟的语言，点明消息的中心或意义，给人留下深刻的印象。

当然，导语的写法还有其他一些，这里不再一一介绍。总之，导语要写得具体、肯定、准确、生动活泼。引用新闻中主要人物的精辟语言，点明消息的中心或意义，给人留下深刻的印象。

3.主体

新闻的主体接导语，围绕着立意展开全部内容，圆满地回答导语中提出的问题。主体运用的材料要充实、具体，易有典型意义。新闻中的五要素即时间、地点、人物、事情和原因，都要有所交待。消息的立意要集中，一则新闻只有一个中心，说明一个问题，叙述一件事情。一篇消息的质量如何，关键在于主体部分写得如何。因此，写一篇消息时，主体部分必须着力写好。

主体的结构形式，有时按事情的发展顺序，即时间的先后，一步步进行交待；有时按逻辑顺序，即事情的重要程度安排层次，先讲概貌，后讲细节，先讲主要材料，后讲陪衬材料。

不论用什么方式来写主体部分，都要尽量使得内容充实，层次分明，详略得当，另外，应注意主体与导语的文字不能重复，导语说过的话，主体不要再说。

4.背景材料

背景材料是指新闻中关于历史、原因的说明和环境、气氛的描写。它的作用是说明事情产生的条件、消息的性质和意义。它可以帮助读者理解消息的内容，增加消息的说服力和感染力。背景材料从具体作用上分，有许多存在情况。

（1）对比性材料。就是对事物进行前后、左右、正反的比照以突出新闻事件的重要意义，或阐明一定的主题思想。

（2）说明性材料。介绍新闻事件的历史状况、地理环境、政治背景、发展变化以及其他种种客观条件、主观因素等等。把新闻事实讲得全面深刻而又恰如其分。

（3）诠释性材料。介绍人物的出身、经历，产品的性能、特点、使用方法以及解释一些专用术语、技术性知识等，以帮助读者理解内容，增长知识。

5.结尾

结尾是消息的最后一句话或一段话。好的结尾能加深读者对主要事实的感受，让读者得到更多的启发和教育。但并不是所有消息都非有结尾不可。如果主体部分已交待清楚，则不必再加，否则会画蛇添足。

学校广播站通讯稿的写作

通讯是比新闻更详尽、生动的新闻体裁。通讯被誉为报刊的一颗明珠，是报刊、广播常见的一种文体，它比新闻、消息更详细、更生动地报道客观事实和典型人物。

通讯的分类和特点

1.通讯的分类

通讯的种类，依据不同的标准有不同的分法：从篇幅上可以分为

长篇通讯和小通讯；从形式上可以分为文艺通讯和新闻通讯；从内容上可以分为人物通讯、事件通讯、工作通讯、概貌通讯、主题通讯和新闻故事等。

2.通讯的特点

（1）新闻性。通讯应迅速反映现实生活中涌现出来的新人、新事、新风貌、新经验等，进行有针对性的报道。要具有真实性、典型性。通讯所反映的客观事实，应注意材料真实，甚至细节描写也不能失真。另外，还要注意选取典型的材料，要有代表性。

（2）文学性。通讯往往运用描写、烘托、渲染和抒情的文学手法，绘声绘色地反映典型的人、事来增强文章的形象性和感染力。

（3）评论性。通讯对所写的人、事要发表议论，作评价。这种评论紧扣人物、事件进行，寓理于情，以情动人。

通讯的结构部分

通讯的结构一般可分为三部分，分别是"导语、主体和结语"。

导语，即通讯的开头。其写法灵活多样，但是一般要求以简明的语言交待时间、地点、人物、事件和缘由。

主体，就是通讯的内容部分。这部分内容可按事物发展的进程安排，以时间的先后顺序展开情节，又可按事物的性质写，在同一主题的统率下，并列写出几个不同的侧面。

结语，即通讯的结尾。在写法上比较灵活，没有定义。

通讯的表现手法

1.叙述和描写相结合

在通讯工作中，要注意把叙述和描写相结合，这样才能叙述清楚，给读者展开生动的画面，让读者在这种画面中受到感染和教育。

2.议论和抒情相结合

适当地运用议论和抒情，不仅不违背新闻报道的基本要求，而且

还能使通讯主题深刻，人物鲜明，文笔生彩。

通讯稿的写作要求

1. 主题要明确

有明确的主题，取舍材料才有标准，起笔、过渡、高潮、结尾才有依据。

2. 材料要精当

按照主题思想的要求，去掂量材料、选取材料；把最能反映事物本质的、具有典型意义的和最有吸引力的材料写进去。

3. 事人关联

写人物通讯固然要写人，就是写事件通讯、概貌通讯、工作通讯，也不能忘记写人。当然，写人离不开写事。离开事例、细节、情节去写人，势必写得空空洞洞。

4. 角度新颖

写作方法要灵活多样，除叙述外，可以描写、议论，也可以穿插人物对话、自叙和作者的体会、感受，既可以用第三人称的报道形式，也可以写成第一人称的访问记、印象记或书信体、日记体等。

通讯所报道的新闻事实，可以从各个不同的角度去观察，去反映，诸如正面、反面、侧面、鸟瞰、平视、仰望、远眺、近看、俯首、细察……角度不同，印象各异。若能精心选取最佳角度去写，往往能使稿件陡然增添新意，写得别具一格，引人入胜。

学校广播站的管理规定

学校广播站是校园重要的舆论宣传单位，是学校意识形态工作的重要力量，也是校园文化建设的重要力量。学校广播站在校园日常工作中更多情况下发挥舆论宣传的作用，在实际工作中舆论监督的作用并不明显。

由于学校广播站一般不参与学生的管理，而是只专注于校园文化方面的工作，因此在校园文艺活动中可以做到更加专业，在校园文化建设上可以发挥较大作用，是文化建设的不可或缺的力量。因此，必须加强学校广播站的管理。

学校广播站的管理要非常具体而周密，现提供某学校广播站的管理规定，以供参考。

学校广播站的管理规定

第一章 组织纪律

1.凡广播站成员应遵守学校的相关规章制度及广播站内部的管理制度。广播站成员必须以认真负责的态度主动做好本职工作，无特殊情况不得私自调动。

2.广播站会议无论大小，全体成员必须按时出席，有特殊原因者，需提前请假。无故缺席者第一次给予批评，第二次给予警告提

醒，第三次给予解聘。

3.因特殊原因，工作和上课发生冲突时，必须提前向站长请假。但禁止利用广播站之名处理私事，如有违反者视情节轻重，第一次给予批评教育，三次以上者（含三次者）给予解聘。

4.若有特殊原因不能按时播出节目的，需提前向站长请假，并作好节目安排。

5.望能听从指挥，顾全大局；并能灵活熟练地运用原则和程序以解决突发事件。

第二章 广播站内部管理条例

6.注意安全用电，消除安全隐患。

7.准时上岗开播，保证播音质量。

8.管好音像制品，防止丢失损害。

9.播音员要尽职尽责，执行操作规程，遵守广播站工作制度。

10.无关人员不得进入播音室。

第三章 广播宣传设备管理及工作要求

11.广播站工作人员必须爱护各种设备，录音带、CD碟等。非工作需要，未经站长批准不得使用播音器材。

12.不得随意带非广播站人员进入广播站，录音带、CD碟不得外借。

13.广播室内严禁明火、严禁堆放个人物品，严禁从事违反社会公德和国家法律的行为，保持干净、卫生。

14.广播站工作要求：

①各部门应及时联系，提出存在问题，总结、积累经验，提出解决问题的方法。

②站长、部门负责人经常与学校各部门联系，及时获取信息，集中各部门布置各项工作。

15.奖罚评定

（1）每学年评定一次优秀。

（2）对不遵守纪律、不专心工作，经警告无效者，依制度解除其职务。

（3）广播站内部的各种考勤情况作为期末评优的考核条件之一。

第四章　工作职责

16.站长工作职责

（1）广播站钥匙由主要负责人携带，不得外借他人或私自配用。

（2）广播站主要负责人做好站内全面管理和服务工作，及时掌握工作情况，定期进行分析总结和上报。

（3）站长定期检查器械的使用状况，及时掌握站内情况。

（4）广播站主要负责人对本站不负责任的站员可以做思想工作，如屡教不改的，主要负责人可以申请换人。

（5）站长负责本站全体成员的业务提高和业务培训工作，定期组织学习并开展活动。

（6）广播站主要负责人应在每学期初和学期末分别制订工作计划和撰写工作总结报告。

（7）站长负责每学年的优秀站员评选工作并上报指导老师。

17.播音员工作职责及要求

（1）播音员要普通话标准，热情、亲切、大方，有责任心。

（2）播音员具有一定的语言组织能力和文字功底。

（3）根据栏目、内容形式的不同，播音员要以不同的方式传达给听众。

（4）播音员必须在播音前一天左右熟悉节目内容并在开播前十分钟进入播音室，不能按时到位事先要向站长报告，安排人替补。

（5）爱护广播站设备和用品，不得利用广播站设备转录磁带；

不得私自挪用和占有；不得转借他人，违反规定，除追回原物或索赔外，还将追究当事人的责任。

（6）保持播音室的安静、整洁，非工作人员不得进入播音室，每次播音完后要将仪器关闭，整理好碟片、磁带等，并写好工作日志。

（7）未经编辑处理的稿件，播音员不得擅自播出。实行播出签字制度。

18.记者工作职责及要求

（1）记者应具有敏锐的洞察力，给广播室提供资料线索（新闻稿件等）不影响广播室的正常运作，可在学校进行采访报道。

（2）记者应具有一定语言文字组织能力和写作能力。

（3）按时、按量、按质提供稿件。

（4）稿件要统一用稿纸书写，字迹要端正。

19.编辑工作职责及要求

（1）编辑应具有一定的新闻敏锐性，在编辑稿件时，绝对防止出现政治错误，重要的广播稿件须经校团委同意方能播出，如出现上述错误，视情况进行处理。

（2）编辑采用稿件必须始终把质量摆在第一位，严禁徇私舞弊，编辑在编排节目时，应把握以下四个标准：选材是否精当；格调是否高雅；准备是否充分；节目是否口语化。

（3）编辑必须提前将编本送给站长或副站长审查。在栏目播出时，该栏目编辑须到播音室写好工作日志。

（4）值班编辑对来稿归类存放，并如实登记。

（6）编辑应配合记者及时向广播站提供稿件。

第五章 校园广播站工作细则

20、校园广播是学校对广大师生进行宣传、教育的重要手段，是学校开展社会主义精神文明建设的重要阵地。因此，必须始终不渝的坚持正确的舆论导向，必须坚决服从校团委的领导，在团委宣传部的直接管理下开展各项工作。

21.广播站实行站长负责制，设正、副站长各一名，从播音员中进行选拔，由责任心强、业务水平高且具备一定管理能力的男女同学各一名担任，在主管老师的领导下开展工作。站长全面负责广播站内部各项工作：负责隔周主持召开例会，对各小组播音情况进行总结；负责对播音员的日常工作进行量化考核；并负责向主管老师及时汇报广播站近期的工作情况。重大事务由站长召集广播站全体播音员以及其他干事召开播音员联席会议，经协商后报主管老师，待同意后执行。

22.播音质量是校园广播站赖以生存和发展的重要基础，全体播音员应齐心协力、勇于创新、努力提高自己的节目质量。如果自办节目的整体水平徘徊不前，要追究主管组长的责任，如若短期内仍然不能打开新局面，推动广播站各项工作向前发展，则要解聘其组长职务。副站长每天必须值班，检查当天节目的前期准备工作和播音情况。

23.广播站实行每周五天工作制，即在正常情况下，每周一中午和周五中午进行播音。自办节目播出时间为中午12：10开始，节目的时间由各组长自行安排，但每期不少于25分钟。

24.每天的节目为一组播音，播音组实行组长负责制，各节目组组长负责播音稿的前期审核工作，并把播音稿提前一天交给站长或副站长审核。组长由站长从播音员中选拔成绩优秀、认真负责、业务水平高且具有一定管理能力的同学担任。组长在主管老师和站长的领导下，带领播音组其他成员开展工作。组长应依据本组节目特色，开拓进取，制定节目计划，交站长审核。组长对本组节目全权负责，若因组长管理不善导致节目质量下降或发生重大播音事故，要追究组长责任，并予以解聘。

25.播音员要时刻注重自身修养，爱岗敬业，克己奉公，勤学不

五彩校园文化艺术活动丛书

辍，勇于创新，以期在校有限的学习时光里使自己的人格得以升华，能力得以提高。

26.播音员首先要以学业为重，争取在本专业学习中取得优异成绩。若因承担播音工作而导致成绩下降或出现所学课程不及格时，广播站要予以劝退。播音员在平时还要认真收听广播节目，学习播音技巧，博览群书，丰富学识，拓宽视野，活跃思维，养成"勤动口、勤动手、勤动脑"的良好学习习惯。每月应完成一篇不少于五百字的个人作品交付站长，由站长审核，并选取优秀作品收录在校园网站上，作品的完成质量将直接与个人考核挂钩。

27.所有播音员都要自觉遵守学校各项规章制度，规范个人言行，爱护公物，注重个人形象。同时，必须严格遵守站内设备的操作使用规程，实行规范化操作。如果设备出现异常，应果断采取措施，并及时通知站长或主管老师，经检查，确认无误后，方可重新使用。播音员无权向外租借站内任何物品，如因玩忽职守造成设备重大损失者，将追究其经济责任。

28.播音员必须严格履行作息制度。正常情况下，当天节目的播音员应在中午12：00以前到达广播站，着手节目的前期准备工作。12：10节目必须准时开播。播音结束后，播音员要规范关闭设备，断开电源，认真填写当天的播音日志，整理好磁带、CD及各自的播音稿，并保持周边环境整洁，关好灯和门窗后才可离开。

29.播音员应该严格履行请假制度，原则上避免请假，如确有必要，应及时向站长请假，并要做好当天节目的交接工作，避免一人请假，节目停播的重大事故。如造成此类事故，则计该播音员重大播音事故一次、缺岗一次。一学期，累计请假不得超过三次。

30、坚决杜绝迟到、早退现象。一学期中，累计迟到、早退达三次者，予以解聘。

31.凡无故不来播音者，予以解聘。

32.因准备不充分而导致播音质量低劣者，视为重大播音事故，个人累计重大播音事故达两次者，予以解聘。

33.缺岗及造成重大播音事故者，不得参加年度评优。

34.播音员不得带其他同学进入播音室。播音期间，谢绝一切来访，点歌的同学不得进入主播音室。

35.对一学期被连续三次警告的播音员和播音小组，全员解聘。

36.每位播音员都要积极参加站内的各项集体活动。

37.站长负责播音员个人档案的建立工作，该档案将记录播音员在校园广播站工作期间各方面的表现。

38.广播站于每年年终开展评优活动，届时将评选"优秀播音员"若干名，"优秀播音小组"一组，颁发荣誉证书。

第六章 附则

39.本规定解释权为XXX学校委员会。

40、本规定自颁布之日起施行。

NO3. 学校网站的建设与活动指导

学校网站建设意义与要求

学校网站建设的意义

1.学校网站提供教学互动方式

学校网站使教师与教师、教师与学生、学生与学生之间的交流以全新的方式，不再受到传统课堂的制约。可以使天南地北、城市与乡村的学生同处一室，共同讨论，共同分享。

2.学校网站是学校的主要标志

每一所学校都有自己的特色，每一所学校都有自己的个性。在这个高度信息化的社会里，建立自己学校网站是最直接的宣传手段。网站的超时空特性，不仅能让地区内的人们了解学校，更可让世界了解到学校。

3.学校网站能提供学习的平台

网络提供的丰富资源可以使学生寻觅不同的教育方式，各取所需。学校网站允许不同的学生沿着自己的途径，按自己的速度接受教育与学习，学生将有机会享受最佳的教育机会，充分发掘自己的内在潜力，培植独特的个性和人格。

4.学校网站是教育资源分配桥梁

网络有着巨大的教育资源库，它集全社会的力量，使教育资源无限增长。这对于发达地区和欠发达地区，高投入学校和条件差的学校在获取教育资源的权力上达成平等，使每一位教师和学生都能均等的得到培训和受教育的机会，不再受到学校水平、教材、教师能力的限制。不仅能极大的提高教学效率，而且能实现教育公平的社会理想。

5.学校网站是最佳的教学研究室

学校网站与教育类专门网站的有效链接，可以给学校教学研究带来一片新天地，各种优秀教案、专家论坛、网络观摩课、各科素材、多媒体课件制作等内容为教师教研提供了极佳的平台。有效地降低教研成本、提高效率。

学校网站建设的要求

随着信息技术的发展和学校现代化建设的加强，各地中小学校纷纷建设了校园网，推出学校自己的网站。虽然许多学校的网站建设、发展已经数年了，但还是有相当多学校网站的作用、影响不尽如人意，面临进一步转变的压力。那么学校到底需要什么样的网站建设？

1.学校网站的主要功用

一般的学校网站主要是把一些通知、信息上传到网上，以方便大家及时了解信息动态，做到有内容可看。再者就是作为展示平台，把学校里开展活动的相关照片或文稿资源挂在网上。

这样的学校网站，在功能和作用上是相当有限的，"转发通知"、"报道活动"成了网站的全部功能。这无疑等同于"食之无味，弃之可惜"的"鸡肋"。那么学校网站除了发通知、报道活动之外，还能做什么呢？

教育教学是学校的核心工作，如果能凭借现代信息技术的优势，在学校的教育教学中发挥出自己的作用，这样的网站一定会"食之有味"。校园网站的发展方向应该向注重教育教学应用转变。作为学校网站，支持教学是第一位的，其作用应该是信息交流、教学、管理。

2.学校网站的基本定位

有些学校网站只有少量的信息，平时很少有人问津，甚至不会即

时发布信息；有些学校网站在建设过程特别是后续的建设与管理中都存在着这样的尴尬。这就提示学校要关注网站建设中对"关注群体"的正确定位和"培育"的过程。

学校网站不同于其他网站，最重要的特色功能是着眼于教育，服务对象应包括学校教师、学生、家长等。但有的学校在网站的建设过程中往往只想到了教师，而忽略了广大学生及其相关联的群体。

随着电脑和网络的逐渐普及，学生、家长通过学校网站获取信息逐渐成为了日常的需求。发布这个群体需要的信息，既满足了学生及家长的需要，也可以使学校网站获得应有的"人气指数"和实际功用。

当然，要真正形成"关注群体"，还要经历从无到有、从小到大的一个"培育"过程。如何培育？这既与学校的整体管理方式密切相

关,也有其特定的面,学校网站不仅仅是窗口的作用,更应是一个相互交流的平台、一个师生互动的平台、一个家校联系的窗口。

网络的最大优势就是信息的交流互动,利用网站在学校和这个学校的"关注群体"间进行沟通、互动,是切合当前信息交流的大趋势,也是学校发展自己网站极好的契机。

3.学校网站的长效管理

如果学校网站的运行仅由信息技术教师或者其他专门管理者来承担的话,这个网站就不能与学校的教育教学实践相融合,无源之水、无本之木,是注定不能有前景、有发展的。对此,学校网站的建设与管理应全员参与、共同建设,将网站应用于教育实践。

对于一些技术应用水平低、氛围还不是很好的学校,要让学校教师、学生参与到学校网站的管理、运行的过程中,同时还需要经历一个技术培训与方法培训的过程。

4.学校网站的资源库建设

学校网站资源库建设,决定了校园网建设的内容与方向,在很大程度上关系到学校网站能否真正充分发挥作用。

(1)更新"资源库"概念。学校拥有的资源库不仅是传统概念中的"资源库",同时互联网上不计其数的各类文字、图片、音频、动画、视频也可以作为教学的资源。事实上,相当多的教师在实践中都在利用互联网这个"海量的资源库"获取自己想要的资源。

(2)"资源库"并非"素材库"。素材库可以是资源库的一部分,例如互联网就是一个海量的素材库,在技术与保障上都可以方便地使用。

作为学校,真正需要举一校之力去建设的"资源"应该是什么?这是一个定位的问题。这个问题的答案并不是唯一的,但也有着共同特征,比如,应该是实用于教学的,形式可以是教案、试题、课件、学

件等；应该方便于使用，在检索、获取等环节要方便、无障碍。

（3）加强"人"的建设。互联网上的资源是海量的，如果不能从中获得自己需要的信息，那么就会浪费大量的时间与精力。因此让每位教师掌握一定的获得资源的策略、方法和技巧是非常重要的。这也是在校园资源建设方面为教师提供"鱼"，还是引导大家掌握"渔"的问题。

（4）形成长久发展机制。软件开发商提供的"配套教学资源"，会随着课程、教材、教与学方式的变革，很快成为"不配套"，因滞后而被淘汰。

学校要顺应这种趋势，形成资源建设的更新机制。动员教师主动投入到资源的建设中，让教师不单单作为使用者，也要成为建设者。只有这样，资源库的建设才能进入一个动态的、持续的、发展的状态。

实践证明，学校网站建设必须解决好以上问题，才能真正发挥其应有的作用，服务于教育教学。

学校网站建设方法与注意

学校网站建设的方法

在包罗万象的网络世界里,要制作一个具有学校特色的网页是需要一定方法与技巧的。

1.定位好网站的主题和名称

(1)主题要有特色而且精巧。定位要有学校特色,内容要精巧。网络的最大特点就是新和快,目前最热门的主页都是天天更新甚至很快就更新一次。学校的网站同时要有学校的特色。

(2)题材要与学校内容有关。比如学校的名称、学校的教育教

学、学校的机构、学校的活动等等。同时题材的选取也要与所属学校的实际相结合。

2.特别注意设计好首页

（1）首页设计方法。版面布局的窍门；色彩的搭配；字体的设置和表格的嵌套；细微之处见功力；考虑不同的浏览器和分辨率；设计好banner和位置；标签的重要性。

（2）首页设计步骤。首页从根本上说就是全站内容的目录，是一个索引。但只是罗列目录显然是不够的，还需要注意：确定首页的功能模块；设计首页的版面；处理技术上的细节。

（3）确定首页功能模块。一般的站点包含：网站名称(logo)，广告条(banner)，主菜单(menu)，新闻(what'snew)，搜索(search)，友情链接(links)，邮件列表(maillist)，计数器(count)，版权(copyright)。选择哪些模块，实现哪些功能，是否需要添加其他模块都是首页设计首先需要确定的。

（4）设计首页的版面。设计版面的最好方法是先将理想中的草图勾勒出来，然后再用网页制作软件来实现。处理技术上的细节制作的主页如何能在不同分辨率下保持不变形，如何设置字体和链接颜色等，首页设计是整个网站设计的难点和关键，在制作的过程中要处理好各种技术的细节。

3.定位好网站的形象

学校的网站形象要具有代表本学校的特色，一般要做到几个方面的问题。

（1）设计好网站的标志(logo)。首先需要设计制作一个网站的标志(logo)。logo是站点特色和内涵的集中体现，看见logo就让大家联想起站点。标志可以是中文、英文字母，可以是符号、图案，可以是动物或者人物等等。标志的设计创意来自网站的名称和内容。同时也能非常鲜明的代表学校的标志。

（2）设计网站的标准色彩。网站给人的第一印象来自视觉冲击，确定网站的标准色彩是相当重要的一步。不同的色彩搭配产生不同的效果，并可能影响到访问者的情绪。

"标准色彩"是指能体现网站形象和延伸内涵的色彩。标准色彩要用于网站的标志、标题、主菜单和主色块，给人以整体统一的感觉。至于其它色彩也可以使用，只是作为点缀和衬托，绝不能喧宾夺主。

（3）设计网站的标准字体。和标准色彩一样，标准字体是指用于标志、标题、主菜单的特有字体。一般网页默认的字体是宋体。为了体现站点的"与众不同"和特有风格，可以根据需要选择一些特别字体。

（4）设计网站的宣传标语。用一句话甚至一个词来高度概括。标志、色彩、字体、标语是一个网站树立起形象的关键，确切的说是网站的表面文章，设计并完成这几步，网站将脱胎换骨，整体形象有一个提高。

4.确定网站栏目和版块

栏目的实质是一个网站的大纲索引，索引应该将网站的主体明确显示出来。在制定栏目的时候，要仔细考虑，合理安排。

（1）栏目安排注意事项：一定要紧扣主题，将主题按一定的方法分类并将它们作为网站的主栏目；设一个最近更新或网站指南栏目，这样做是为了照顾常来的访客，让主页更有人性化。

设定一个可以双向交流的栏目，不需要很多，但一定要有。比如论坛、留言本、邮件列表等，可以让浏览者留下他们的信息。

设一个下载或常见问题回答栏目。网络的特点是信息共享。也要设好其他的辅助内容，如关于本站、版权信息等可以不放在主栏目里，以免冲淡主题。

五彩校园文化艺术活动丛书

总结这些问题，得出划分栏目需要注意的是：尽可能删除与主题无关的栏目；尽可能将网站最有价值的内容列在栏目上；尽可能方便访问者的浏览和查询。

（2）版块安排注意事项：版块比栏目的概念要大一些，每个版块都有自己的栏目。每个版块下面都有各自的主栏目；根据需要来设置版块，同时应该注意各版块要有相对独立性、各版块要有相互关联和版块的内容要围绕站点主题。

学校网站建设的注意

要建立一个成功的学校网站，最起码应注意几方面问题：

1.找好自己定位

找好自己的定位，是建立一个网站的基础。策划是一个网站的灵魂，有些学校在做网站时，找一些有关学校简介及服务简介的资料，再配上几幅照片，只是一些信息堆积在网上，没灵魂，一个好的学校网站是学校和网络的完美结合。

2.选择域名和空间商

域名非常重要，一眼就过目不忘，互联网上简单、易记，才是致胜的法宝。挑选一个优秀的网站空间也不能忽视，就像生产出了好的产品，就一定找一个好的仓库来储存，这样的产品才有质量保证。

3.找合适网站开发人员

开发质量、安全问题、售后服务这些都很重要，所以要选择专业的开发人员来做才有保障。

4.找一个合适的负责人

企业找一个合适的负责人也很重要，只有这样，才能减少沟通上的成本，少走弯路，使开发顺利进行。

5.用户体验至上

网站并不是越眩越好，也不是越简单越好，更不是堆叠的信息越

多越好，一定要用户感到方便快捷。

6.了解搜索引擎概念

搜索引擎是互联网的入口，把握了这个入口，就把握了一切。

7.网络安全很重要

目前网络上各类黑客软件异常流行，网络安全问题要格外注意。

8.想办法留住用户

留住用户是一门很复杂的学问，网站应该提供些服务，比如免费下载资料等等，更方便学校展开服务。网站上线以后，要每天照顾它，只有这样，才能吸引更多的用户。

学校网站建设的制作过程

学校网站开发是一项很复杂的工作，可以将它看做一个项目来进行。针对学校网站建设的特点和重点，现整理出一套适合学校网站建设管理和控制的方法，用于保证网站建设的高效率、高质量、低风险。学校网站从立项到制作完成，要遵循一定的顺序。

网站系统分析

1. 网站立项

成立一个专门的项目小组，小组成员包括：学校领导、学校网络管理员、美术教师、各处室人员、微机教师等组成。可由网络管理员

作为项目负责人负责对该项目的统一调度和安排。

2.需求说明书

首先要明确学校网站建设的意义和需求及校园网所能提供的功能和内容。必须让每一位学校领导和教师了解校园网能够提供的服务和功能；其次可采取与领导交谈、下发问卷调查表等方式了解学校领导和教师希望校园网提供的服务和内容，网管要根据各方面的反馈意见进行认真的分析，编写一份详尽的需求说明书。

这样可杜绝很多因为需求不明或理解偏差造成的失误和网站建设失败。需求说明书要保证正确性、可行性、必要性、简明性、检测性。

针对教师、学生和一些渴望了解学校基本情况的人群的需求要进行仔细分析。对学校基本情况及为教师和学生提供教育教学素材、为教师和学生的教学行为提供基本服务功能等方面的介绍。

一份好的需求说明书是进行后期工作的基础，因此要求学校领导和网管把好关，切实把需求说明书写成一份目的明确、内容详实、简明易懂、准确无误的网站建设初稿。

网站总体设计

总体规划是非常关键的一步，主要是需要确定：需要实现的功能、需要的开发软硬件环境、需要的人数及时间、需要遵循的规则和标准。

同时需要写一份总体规划说明书，包括：网站的栏目和板块；网站的功能和相应的程序；网站的链接结构；如果有数据库，进行数据库的概念设计；网站的交互性和用户友好设计。

学校网站的中心任务是为师生的教育教学行为提供必要的服务，因此，在进行网站设计时要对主题有所突出，具体可将整个校园网划分成学校简介、校园公告栏、教师中心、学生中心、网络办公等几个板块。

网站建设方案

在总体设计出来后，一般需要给出一个网站建设方案。

网站建设的方案主要包括：学校情况分析；网站需要实现的目的和目标；网站形象说明；网站的栏目板块和结构；网站内容的安排，相互链接关系；软硬件和技术分析说明；开发时间进度表；维护方案；制作费用。

当方案得到学校领导和项目组大多数人员的认可后，开始详细设计。

网站详细设计

总体设计阶段以比较抽象概括的方式提出了解决问题的办法，详细设计阶段的任务就是把解决方法具体化。

1.整体形象设计

在程序员进行详细设计的同时，网管和美术教师开始设计网站的整体形象和首页。

整体形象设计包括标准字、Logo、标准色彩、广告语等。首页设计包括版面、色彩、图像、动态效果、图标等风格设计，也包括banner、菜单、标题、版权等模块设计。首页一般可设计1～3个不同风格，完成后，供学校领导网站制作组进行选择。

2.页面风格设计

首页上面设置一条导航栏，其下是主题动画，在主题动画下设置版内导航条。大致页面布局力求风格统一、内容丰富。

3.颜色调配设计

网页制作中页面颜色的调配相当重要，可以多采纳美术教师的意见。各板块采用与网站首页同一色系的颜色，整个板块内部也尽量保持风格一致。

4.网站调试方案

尽量采用边制作边调试,即采用本机调试和上传服务器调试的方法。观察速度、兼容性、交互性等,发现问题及时解决并记录下来。

5.人员的分工

可按照专业对口、分工协作的原则进行,学校领导负责对人员的调度和安排,内容材料的把关;学校网管负责协调各制作人员的工作,解决制作中的技术问题并完成整个网站的调试工作;美术教师是整个网站的美工,对网站的Logo、版面划分、色彩搭配进行统一规划和制作;各科室人员负责网站制作素材和内容的搜集和整理工作;微机教师负责对素材的处理及各网页的制作。

网站开发制作

各网站制作人员全力进入开发阶段。值得注意的是,测试人员需要随时测试网页与程序,发现Bug立刻记录并反馈修改。不能等到完全制作完毕再测试,这样会浪费大量的时间和精力。学校领导和网管需要协调和沟通各制作人员的工作。

开发完成后要将制作中的有关文档存档,并写校园网站使用说明文档。这样校园网站就建成了。

学校网站建设的管理办法

学校网站是展示学校办学水平和办学特色的窗口，是教师展示自我风采的平台，是体现学生个性素质的天地。

学校网站依托网络平台向外发布信息，提供信息查询、下载、上传的学校教育信息。这样就需要及时发布学校教育教学动态，交流工作经验，以全新的工作方法全面提高教育信息化。规范学校网站的管理，保证网站安全运行和信息顺畅传递，就需要制定规范的管理制度。

这样才能促使网站建设不断完善，资源不断充实和丰富。下面是某校的学校网站管理办法，现提供来参考。

学校网站的管理办法

第一章 总则

第一条 为加强学校网站的规范化管理，发挥应有网络效益，实现信息资源交流与共享，更好地为教学、科研服务，依照《中华人民共和国计算机信息网络国际联网管理暂行规定》、《计算机网络国际联网安全保护管理办法》、《互联网信息服务管理办法》、《中国教育和科研计算机网暂行管理办法》等有关规定，特制定本办法。

第二条 由学校网站管理员负责对学校网站的建立和信息的审核、

发布。

第二章 网站的建立

第三条 学校网站向校内外用户发布信息，提供信息查询、下载、上传服务，分为校级网站（一级栏目）和二级网站（二级栏目）。

第四条 校级网站由综合办负责管理和网络管理员负责维护。二级网站由各部门负责更新。

第三章 信息发布

第五条 发布信息分为两个部分，一部分是由学生或家长参与的信息发布，一部分是由教师参与的信息发布。

第六条 学校网站的信息由学校网站管理员组织参与管理的教师根据学校信息公开的内容和相关规定，进行信息的管理与发布。

第七条 发布信息必须遵守国家有关法律、法规，严格执行安全保密制度，并对所提供的信息负责。

第八条 任何部门（教研组或各处室）和个人不得利用计算机网络从事危害国家安全，泄露国家秘密等犯罪活动，不得查阅、复制和传播有碍社会治安和有伤风化的信息。

第九条 在校园网中不允许诽谤、诬陷、欺诈、教唆他人；不允许侵犯他人名誉权、肖像权、姓名权等人身权利。

第四章 权利和义务

第十条 网站建设是每位老师的义务。

第十一条 学校鼓励每位教师定期在网站（包括"教师发展"栏目）上发表文章。

第十二条 班主任要大力宣传学校网站，通过网站（家校互动）与学生、家长交流，扩大网站的影响。

第十三条 学校鼓励学生将自己的作品在学校网站发表，使学生获得成功的体验。

第五章 网站管理员职责

第十四条 负责网站的日常运行和维护。当网站出现故障时，要想办法尽快解决。

第十五条 要定期对教师进行信息技术培训，负责解答技术方面的问题。

第十六条 定期对网站进行更新和完善。

第十七条 每位教师要确保网站安全建设，不发布不健康的信息，自觉维护学校网站形象，实行首见责任制，在第一时间将情况报告给网站管理员。

学校网络安全保障与管理

学校网络信息安全保障

网络与信息的安全不仅关系到学校正常教学的开展,还将影响到国家的安全、社会的稳定。

学校要认真开展网络与信息安全工作,通过检查进一步明确安全责任,建立健全的管理制度,落实技术防范措施,保证必要的经费和条件,对有毒有害的信息进行过滤、对用户信息进行保密,确保网络与信息安全。

1.网站运行安全保障措施

网站服务器和其他计算机之间设置防火墙,做好安全策略,拒绝

外来的恶意攻击，保障网站正常运行。

在网站的服务器及工作站上均安装了相应的防病毒软件，对计算机病毒、有害电子邮件有整套的防范措施，防止有害信息对网站系统的干扰和破坏。

做好访问日志的留存。网站具有保存六个月以上的系统运行日志和用户使用日志记录功能，内容包括IP地址及使用情况，主页维护者、对应的IP地址情况等。

网站信息服务系统建立多机备份机制，一旦主系统遇到故障或受到攻击导致不能正常运行，可以在最短的时间内替换主系统提供服务。

关闭网站系统中暂不使用的服务功能，及相关端口，并及时用补丁修复系统漏洞，定期查杀病毒。

服务器平时处于锁定状态，并保管好登录密码；后台管理界面设置超级用户名及密码，并绑定IP，以防他人登入。

网站提供集中式权限管理，针对不同的应用系统、终端、操作人员，由网站系统管理员设置共享数据库信息的访问权限，并设置相应的密码及口令。不同的操作人员设定不同的用户名，且定期更换，严禁操作人员泄漏自己的口令。对操作人员的权限严格按照岗位职责设定，并由网站系统管理员定期检查操作人员权限。

学校机房按照电信机房标准建设，内有必备的独立UPS不间断电源，能定期进行电力、防火、防潮、防磁和防鼠检查。

2.信息安全保密管理制度

学校健全信息安全保密管理制度，实现信息安全保密责任制，切实负起确保网络与信息安全保密的责任。严格按照"谁主管、谁负责"、"谁主办、谁负责"的原则，落实责任制，明确责任人和职责，细化工作措施和流程，建立完善管理制度和实施办法，确保使用网络和提供信息服务的安全。

网站信息内容更新全部由网站工作人员完成或管理，工作人员素质高、专业水平好，有强烈的责任心和责任感。网站相关信息发布之前有一定的审核程序。工作人员采集信息将严格遵守国家的有关法律、法规和相关规定。严禁通过学校网站散布相关法律法规明令禁止的信息，一经发现，立即删除。

遵守对网站服务信息监视、保存、清除和备份的制度。开展对网络有害信息的清理整治工作，对违法犯罪案件，报告并协助公安机关查处。

所有信息都及时做备份。按照国家有关规定，网站保存对应日期内系统运行日志和用户使用日志记录。

制定并遵守安全教育和培训制度。加大宣传教育力度，增强用户网络安全意识，自觉遵守互联网管理有关法律、法规，不泄密、不制作和传播有害信息，不链接有害信息或网页。

3.用户信息安全管理制度

学校网站尊重并保护用户个人隐私，除在与用户签署的隐私政策和网站服务条款以及其他公布的准则规定的情况下，未经用户授权不随意公布与用户个人身份有关的资料，除非有法律或程序要求。

严格遵守网站用户帐号使用登记和操作权限管理制度，对用户信息采取专人管理，严格保密，未经允许不得向他人泄露。

学校定期对相关人员进行网络信息安全培训并进行考核，使相关人员能够充分认识到网络安全的重要性，严格遵守相应规章制度。

学校将严格执行规章制度，并形成规范化管理，建立健全信息网络安全小组。安全小组可由单位领导负责，网络技术、客户服务等部门参加，并确定至少一名安全负责人作为突发事件处理的联系人。

学校网络室的管理制度

为了广大师生有一个文明、清洁、愉快的学习环境，保证网络室

的正常运行,维护正常的教学秩序和学校利益,学校应制定相应的管理制度,并且广大师生要自觉遵守学校网络室的各项管理制度。

一般的学校网络室管理制度包含:严格按照网室配备指标达到要求,使设备安全正常运行;建立标准的操作要求和步骤,未经初步培训的人员不能入室上机操作;入室之前须注意鞋具卫生,室内不能大声喧哗,行走放轻脚步;电脑室严禁吸烟,不能带有壳有皮的食品及纸屑入室,不随地吐痰;上机人员除需带的书籍、纸张等学习必备的用具外,不能带入其它任何物品,不能涂划室内设施。

还有,以班为单位集体入室时,要安排好座位,组织好纪律,特别注意上课和下课回教室期间的安全工作,任课教师对学生安全负全部责任。

另外,使用完设备,按照电脑操作程序关好电脑,切断电源;不能随便击打键盘和主机显示器,不能随便触摸和拉动设备的线路和原壳,以免发生触电事故。

最后,对于违反电脑管理制度者,在进行教育后仍不改正的,取

消上机资格，造成设备损坏的，视其情况予以赔偿。电脑管理人员对室内财物、用电等安全负全部责任。

学校网络安全管理策略

1.规范出口管理，实施校园网的整体安全架构，必须解决多出口的问题。对于出口进行规范统一的管理，使校园网络安全体系能够得以实施。为校园网的安全提供最基础的保障。

2.配备完整系统的网络安全设备，在网内和网外接口处配置一定的统一网络安全控制和监管设备就可杜绝大部分的攻击和破坏，一般包括：防火墙、入侵检测系统、漏洞扫描系统、网络版的防病毒系统等。另外，通过配置安全产品可以对校园网络进行系统的防护、预警和监控，对大量的非法访问和不健康信息起到有效的阻断作用，对网络的故障可以迅速定位并解决。

3.解决用户上网身份问题，建立全校统一的身份认证系统。校园网络必须要解决用户上网身份问题，而身份认证系统是整个校园网络安全体系的基础，否则即便发现了安全问题也大多只能不了了之，只有建立了基于校园网络的全校统一身份认证系统，才能彻底的解决用户上网身份问题，同时也为校园信息化的各项应用系统提供了安全可靠的保证。

4.严格规范上网场所的管理，集中进行监控和管理。上网用户不但要通过统一的校级身份认证系统确认，而且，合法用户上网的行为也要受到统一的监控，上网行为的日志要集中保存在中心服务器上，保证了这个记录的法律性和准确性。

5.根据相关部门的要求，配备专门的安全管理人员，出台网络安全管理制度。网络安全的技术是多样化的，现状还是"道高一尺，魔高一丈"，因此管理的工作就愈发重要和艰巨，必须做到及时进行漏洞修补和定期询检，保证对网络的监控和管理。

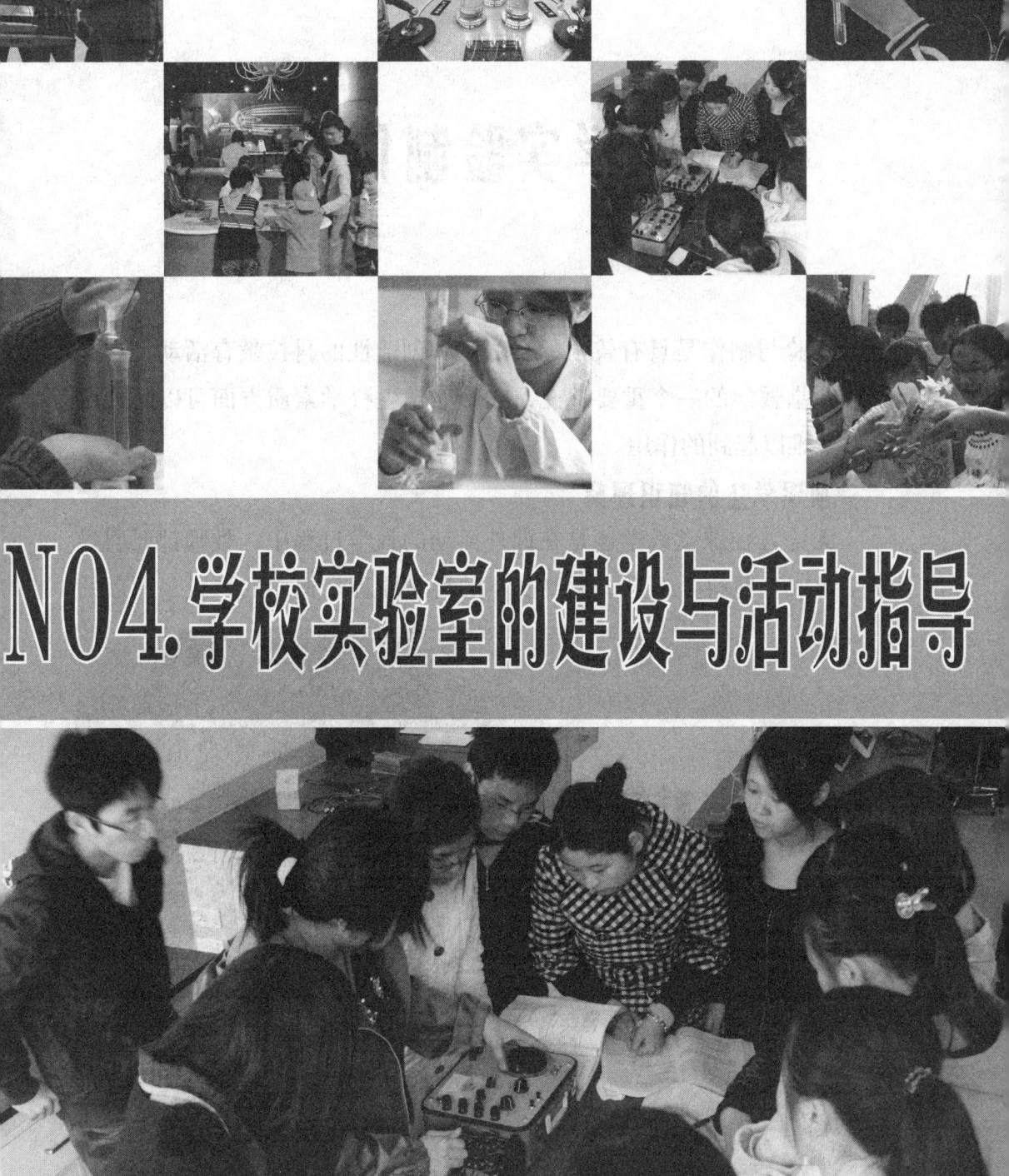

NO4. 学校实验室的建设与活动指导

学生科学实验制作的意义

实验与制作是具有较强的实践性和创造性的科技教育活动，它是学校课堂教学的一个重要补充，在培养学生科学素质方面可以起到课堂教学难以起到的作用。

加深学生的知识理解

无论是在课堂教学还是在课外活动的教学过程中，教师都要引导学生形成一些科学概念，学制基本的科学原理。概念的形成、原理的

理解，往往要从揭示事物的属性入手。

不少事物的属性，只有借助实验和制作才能显露出来，才能被认识。例如，水是无色、无嗅、无味、透明的液体。这些属性单凭教师的讲述，学生很难理解，如果做一组实验，把水同牛奶、豆浆、洒精等液体作对比研究，学生就很容易认识和掌握水的这些属性。

再如，揭示空气是不是一种单纯的气体。让学生做一个实验：把一根小蜡烛点燃，固定在盛有一层水的水槽里，然后将玻璃杯倒扣在蜡烛上，蜡烛点燃了一会儿后就熄灭了，烧杯里的水面上升了一截。这个小实验就说明了空气中至少有两类气体，一类是能够帮助燃烧的，另一类是不能够帮助燃烧的。这样学生就很容易认识空气不是一种单纯的气体。

培养学生的科学志趣

志趣是推动人们成才的起点，也是推动学生进行学习活动的内在动力。一个学生对某一学科有了浓厚的志趣，他们就会产生强烈的求知欲望，就会如饥似渴地学习和钻研。历史上许多有卓越成就的科学家，就是对科学有较大的志趣。

心理学认为，志趣是一个人力求接触和认识某种事物的意识倾向。志趣不是天生的，而是在后天的生活环境和教育的影响下产生和发展起来的。小实验和小制作是培养学生科学志趣的极好活动。

1.帮助学生认识自然

自然界许多奇妙的现象，许多奥秘都可以通过小实验和小制作来揭示。学生经常进行实验和制作活动，不断揭示自然界的奥秘，对自然科学的志趣就可以逐步形成。

2.增强学生学习趣味性

这符合小学生喜欢动手，喜欢接触新奇有趣事物的特征，达到以趣激趣的目的。

3.帮助学生理论联系实际

小实验和小制作大都是实用性较强的活动，它和工农业生产、科学研究、日常生活实际具有密切的联系。学生通过这些活动，可以把现实与理性联系起来，这无疑对培养学生的志趣是有积极作用的。

培养学生的动作技能

技能是指完成一定任务的活动方式。实验和制作技能属于动作技能，其动作主要是由人手的活动来完成的。动作技能有初级和高级两个阶段，前者是初步学会阶段，后者是技能形成阶段。对学生来说，不论是初级阶段还是高级阶段，都必须由学生亲自动手进行操作练习才能形成。这是其他任何教学形式所不能取代的。

小实验和小制作所涉及的实验仪器和制作工具较多，这些仪器和工具对刚刚接触自然科学的学生来说是很陌生的。在实验和制作过程中，学生通过观察思考和动作操作，将会逐步熟悉仪器和工具的性能和使用方法，初步掌握某些技能。

在实验和制作过程中，学生要手脑并用，要在操作的基本功上、技术上由学会过渡到灵活、准确、协调，甚至接近自动化的程度；更要明了该怎样，不该怎样，为什么要这样而不要那样的道理，由操作练习的机械性转变为理解性。这样，实验和制作的技能就能逐步形成。

发展学生的创造思维

在小实验、小制作活动的初级阶段，学生的操作往往以模仿为主。比如，重复教师做过的实验，复制简单的器具。但是，不要小看这些活动，它们是学生能够独立操作的先期准备，其中包含了技能、经验、思维等方面的因素。

随着活动的深入展开，小实验、小制作必然要求学生的主体的积极投入，小实验必然逐步从一般操作练习过渡到验证性实验，过渡到

探索性实验，小制作也逐步由易而难，工艺逐步变得复杂，而且这种劳动逐步着上了有创造意味的色彩。在这个过程中，学生的创造精神得到了陶冶，创造性思维也必然获得很好的锻炼。

锻炼学生的良好品质

小实验和小制作并不是很容易完成的活动，它需要实验和制作者克服许多困难。因此，小实验和小制作能培养学生克服困难、坚韧不拔、百折不挠的毅力。

在小实验和小制作过程中，学生都努力争取自己的实验做成功，努力使自己制作的作品美观、好用、受到教师的表扬和奖励，这能激发学生的好胜心和进取精神；小实验和小制作需要学生认真、细致、实事求是、团结协作，这对学生形成良好的学风，促进非智力因素向积极的方面发展具有重要作用。

学生科学实验活动指导

科学实验制作活动过程的指导,包括制订活动计划,指导实际操作和活动总结等。

制订活动计划

为了加强活动的计划性,保证实验与制作任务的顺利完成,必须认真周密地制订科学的计划。有了计划,才能避免活动的盲目性,不致出现吃一节剥一节的状况。在制订计划时要注意许多问题。

1. 要深入了解学生

主要了解学生对参加科学实验制作活动的态度、基础知识水平、技能、智力等情况。特别要根据学生的特点,从实验出发,了解他们当前的主要要求是什么,倾听他们的反映,尽量采纳他们的意见。

2. 要研究活动计划

教师在深入了解学生的基础上,要结合学校的设备和各方面的条件,根据科学实验制作活动特点,着眼于科技素质的形成,认真研究活动的总体安排和具体内容。

主要包括:本学期科学实验制作活动的目标;活动的基本情况分析;活动内容及其安排;完成活动任务的条件、困难和主要措施等。

3. 把教师计划变成学生计划

教师有了计划,就应当考虑怎样把计划变成学生自己的计划,才有利于调动学生实验和制作的积极性,才能使计划真正落到实处,变为学生的自觉要求和实际行动。

实际操作辅导

1. 操作内容上要从简易到复杂

学生初次操作时,缺乏认识基础,对较复杂的操作掌握比较困难,因此,应当先排简易的小实验与小制作,不妨带点机械模仿,然后逐渐过渡到复杂操作,适当加快速度。例如,分析土壤成分的实验就应先安排在沉淀、过滤、蒸发等实验之后,因为前者的实验包含后者,是复杂的实验。

学生只有先学会基本的实验和制作,才能比较顺利地完成较复杂的实验和操作。

2. 以知识作基础,指导实际操作

小实验与小制作虽然属于动作技能的范畴,但是它与基础知识是紧密联系在一起的,学生掌握了与这些活动有关的基础知识,才能比

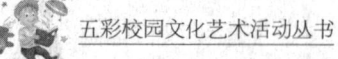

较顺利地进行操作。

因此，在指导学生操作与制作方法时，不能只讲操作与制作方法，而不介绍有关原理。例如，在制取氧气的实验中，教师除了要介绍操作方法外，还要讲清楚试管口为什么要略向下倾斜，加热时为什么要先预热试管，实验完毕为什么要先把导管从水中拿出来，然后再移开酒精灯等等。学生明白了这些问题，就能更正确地进行操作。

3.操作前学生明确操作目的要求

教师在指导学生实验和操作前，要向学生讲清楚为什么要进行这个实验和制作，应达到什么要求，应该注意什么问题，基本过程是怎样的等等。

这样学生就会在教师指导下朝着既定目标发挥自己的主动性和积极性，避免操作中的错误，避免盲目行动，并且在操作过程中，能比较自觉地根据活动的要求，随时对自己的行为作出比较恰如其分的评价。

4.教师需要进行一些必要的示范

小学生的理解力比较差，而模仿力较强。他们进行小实验与小制作，在初级阶段，主要靠模仿掌握其方法。因此，每进行一个小实验或小制作，教师都应把操作中所用仪器、工具的标准名称、用途、使方法、操作步骤、注意事项交待清楚；边交待边示范。这样，才能让学生在实验或制作前头脑里形成一个动作映像，为顺利地进行操作奠定良好的基础。

学生不仅模仿力强，先入为主的识记性也很强。他们喜欢以教师为榜样，处处模仿效法。他们第一次接触到的知识，一旦掌握了，就不容易忘掉。因此，教师要特别注意示范的正确性。如果在操作示范时动作不规范，会给学生留下一个错误的印象，当这个错误的印象成为学生头脑中记忆表象后，进而形成习惯，纠正起来，将是十分困难的。

5.保证实验中的人身安全问题

在小实验小操作的实际操作过程中，常要用到有毒、有腐蚀性或易燃易爆的化学药品，容易破碎的玻璃仪器，还有酒精灯、电源以及一些物理器械。对这些客观条件掌握不当都可能发生事故。如果在实验中发生事故，将可能给学生身心带来无法估量的损害，同时也不利于学生志趣、情感、意志等非智力因素的发展。

因此，教师在辅导过程中，要树立"安全第一"的思想，明确不安全因素的所在，一方面要尽可能选择没有危险的内容，或对不安全因素采取积极有效的措施，另一方面通过演示等形式使学生掌握规范化操作的要领，确保实际操作的安全可靠。

实验制作总结

每进行一次实验或制作活动，教师都要组织学生认真总结。因为学生在活动中所获得的知识和技能，多是零星的、片断的、局部的，通过总结，可以帮助他们将所获得的知识和技能进行整理，归类并加以巩固。在一个学期内也要集中进行几次总结，进一步调动学生进行实验和制作的积极性。常用的几种总结方式有许多，一定要运用最适宜的方法进行总结。

1.实验表演

邀请学校领导、家长和其他学生参加，让小组的学生向他们作实验表演。

2.作品展览

把小组学生自己制作的作品集中起来，放在陈列室，请教师、家长和社会各界人士来参观。

3.组织竞赛

在小组学生中进行实验操作和制作作品竞赛活动，对优胜者给予

奖励。

4.献礼和赠礼

在有关的节日之前,安排小组学生制作一些作品,以这些作品作为礼品,献与或赠给有关人员。如在节日时制作一些玩具,赠给低年级的小弟弟、小妹妹;在校庆日时制作一些作品献给学校;在"教师节"时制作一些作品献给教师等。

这些总结方式符合学生的心理特点,能充分调动学生进行实验和制作的积极性,同时对全年级以至全校都有着推广普及的作用。

学生科学发明活动的指导

进行启发

启发就是通过讲清发明活动的意义,激发学生发明创造的兴趣,使他们乐意参加发明活动,自觉接受创造思维和发明技法的启蒙教育,增强创造精神和创造意识。

学生的心理具体表现在:思想单纯、活泼好动。幼稚、富于想象、善于联想和缺乏独立活动的能力;好表现自己,对老师和家长布置的任务总是想办法完成;对参加集体活动的热情较高。但他们的兴趣和爱好不稳定,当获得一种满足之后,会立即被其他兴趣所代替。因

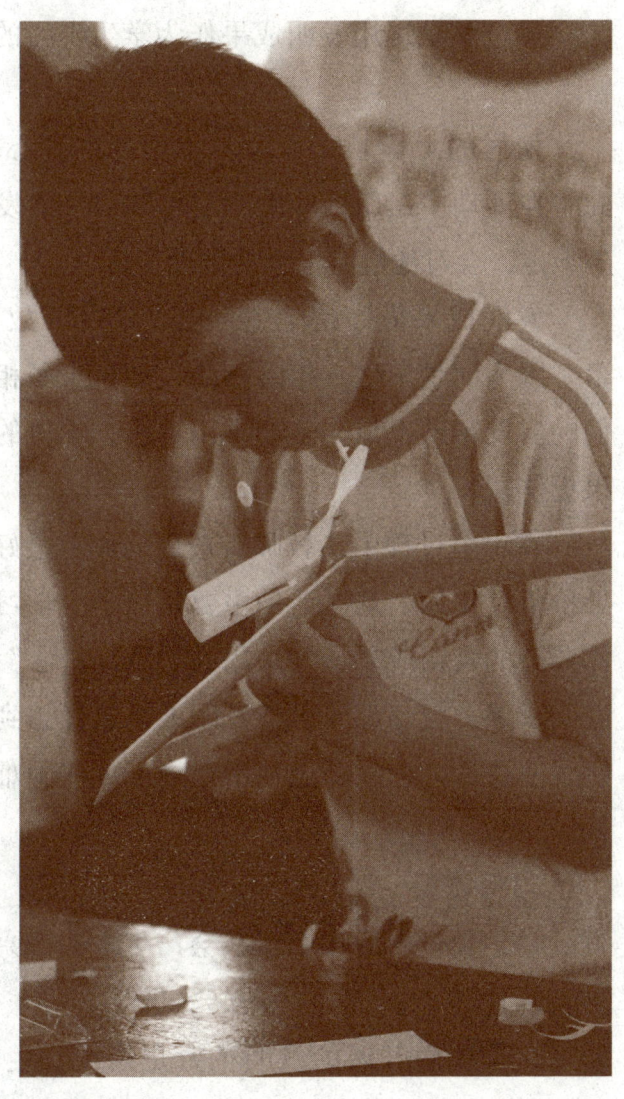

此，他们喜欢参加发明活动，但不能维持较长时间。

根据学生的心理特点，在组织每次发明活动时，教师都要注意启发，除了使他们明确每次活动的目的和意义之外，还要适时布置一些具体任务，尽量使一些个人活动转化为集体活动；对他们在活动中所取得的成绩，及时进行总结和表扬，使他们还不稳定的发明兴趣和爱好逐步稳定。

搞好示范

示范就是运用发明成果作为学生学习的典范，使他们从中得到教益。

榜样的力量是无穷的。学生的好胜心较强，而且善于模仿，因此，在活动中运用一些发明成果和讲一些发明家的故事作为他们学习的典范，会对他们有很大的帮助。

发明成果最好是学生自己发明的，故事最好也是学生的发明故事。因为同是学生，年龄相仿，知识水平相当，他们容易接受，对他们的启发帮助也最大。如果用本校、本班的学生的发明成果作示范效果更佳。

在示范过程中，教师所选用的典范最好能对本次活动有一定的指导价值。比如，这次活动主要是让学生学习"缺点列举法"，那么，作典范的发明成果最好是用"缺点列举法"完成。对每一件作示范的发明成果，教师都要讲清发明人是怎样想到搞这个发明的，运用了哪些发明技法，在发明过程中遇到了哪些困难，是如何克服这些困难的等等。

引导选题

学生通过启发和示范，会产生发明的兴趣和动机，这时，教师就要引导他们寻找发明的课题。

在学生中开展的发明主要是指：学生在日常学习、生活和劳动中针对那些感到不称心、不顺手及不方便的事物和方法，运用学过的科学技术知识，创造性地设计和制作出目前没有的产品或生产方法，或对现有的产品和生产方法进行改进与革新，从而为人们的生活、工作、学习带来方便。因此，他们发明的课题种类不多，范围也较狭窄。

但是，学生的想象力比较丰富，他们发现的问题，提出的发明课题却是五彩缤纷，所以引导的时候要注意一些问题。

1.从日常生活中寻找课题

对目前人们使用的用具、文具等，想一想怎样能提高效率？质量怎样能更好？怎样减少故障？怎样可以更安全？怎样可以使价格更便宜？怎样用起来更方便？等等。选择身边的课题，便于学生观察、分析、构思和设计。

2.成果是实践中使用的实物

这不仅需要学生的构思和设计，还要学生自己动手去制作和实验。因此，在选择课题时，要让学生充分考虑，凭自己的科学文化知识水平，能不能完成这项发明课题，能不能把这项发明的构思制作出来，以免白白浪费时间和精力。

3.选择发明讲题要专一

学生的发明是在科技活动课或课余时间进行的，精力和时间都很有限。因此，在一段时间里选择发明课题要专一，从一事一物构思，从一点一滴做起。这样才容易成功。

引导构思

选准了发明课题之后，要引导学生对发明课题进行构思。构思不是一下子就能形成的，一般要经过几个步骤。

1.列出目标

明确发明目标，包括这个目标的具体要求。

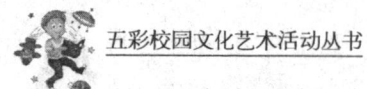

2.剖析目标

对已确定的目标进行分解,分解成一些小目标,然后逐个解决为实现各小目标所必须解决的每一个小问题。

3.形成构思

为实现每个小目标和解决每一个小问题寻找可行的途径和办法。把可行的途径和办法进行组合,构思、制定出这项发明的总体实施计划。

4.修正构思

对总体构思进行补充的修正。

在学生构思的过程中,教师要注意几个方面。

(1)注意传授发明技法。要向他们传授构思过程中可能要用到的发明技法,如联想法、组合法等,以便小学生灵活运用。

(2)注意讲解相关知识。要向他们讲解有关的科学知识。因为小学生所拥有的科学知识毕竟有限,发明过程中的许多问题是他们现有的知识解决不了的。因此,教师要预计他们突破这一发明课题需要运用哪些科学知识,对他们还未学过的科学知识,事先必须向他们传授。

(3)注意构思中启发思考。教师要善于启发,引起他们思考,向发明目标一步步迈进。

(4)及时出主意战胜困难。当小学生在活动中遇到困难时,要给他们出主意、指方向,给予他们精神上的支持,使他们增强战胜困难的勇气。

引导设计

设计就是按照总体构思,制定这个课题的整体图形和各部分的图形。

由于中小学生没有学过机械制图,不要求他们绘制规范的机械图,但是可以要求画出示意性的草图,包括整体的形状、大小、外观和色彩等,使这项发明有一个比较完整的雏形。

为了使总体设计更加完善、合理,还可以利用纸片、木材、铁丝、泡沫塑料和胶水等材料做出一个模型,再对模型进行改进,并进一步考虑先做什么,后做什么,如何按各部分尺寸、形状进行装配,使发明的总体设计更加完善。

引导制作

按照总体设计制作出样品。样品不是模型,而是一件能够实验使用的实物。样品的各部分功能应符合总体设计。

学生在制作样品时,老师要在技术、材料等方面给予支持。对于制作比较困难的样品,教师或家长还要协助,使他们能顺利地将样品制作出来。

评估引导

任何一件发明,只有经过实践的检验,才能判断它是不是合格。因此,教师要指导学生对发明进行评估,看这件发明是不是合格。

1.看是否前所未有

即从时间上看,提出这项发明以前是不是出现过同样技术内容的东西或方法;从公开方式看,在国内是否公开使用过或在商店销售过,在国内外的报纸、杂志、书籍、广播、电视、电影和展览会上是否公开发表过、展示过。

2.与同类作比较

把这项发明与其他性能类似、用途相同的东西相比较,看是不是在原有的基础上增加了功能、改进了方法和工艺。

3.看能否解决实际问题

看这项发明能不能解决生产、工作和生活当中的实际问题,产生良好的社会效益。

4. 看是否符合科学道理

看这项发明的性能、原理构造和方法等是否符合公认的科学道理，有没有违反科学的错误，对环境是否会增加污染，对人的身心健康有没有影响等。

对发明的评价贯穿于整个发明活动之中，并不是整个发明活动的最后一步。例如，在选择好发明课题之后，就需要考虑所研究的这个课题是否有新颖性，如果失去了新颖性，就应当放弃这个课题，重新选择新的课题。

学生科学发明素质的培养

发明活动没有什么固定的模式，但是发明创造的知识可以学习，发明创造的方法可以传授。只要抓住规律，开拓思路，是能够有所成就的。中、小学生首先应加强对自己创造素质的培养和锻炼。

要破除迷信，树立信念

发明创造既然别人能够搞成，自己也就有可能搞成，不要把它看

得神秘莫测,以为只是那些少数天才发明家才能做到的事。树立这样一个立志发明创造的信念是非常重要的。

目标明确,有好奇心

干什么事情,都要有个明确的目标,搞发明创造也是这样,要搞一项什么创造,想解决什么问题,首先应心中有个大概的轮廓。然后根据确定的目标去想问题,找窍门儿,就容易成功。

目标又从何处去寻找呢?应该在生活中去寻找,从身边和所接触的事物中去寻找。同时还要从小培养对事物的好奇心,这样就可以帮助学生很快选中目标。

善于观察,勤做记录

在发明创造中,观察和记录也是一个重要的法则。勤观察,不仅能够认识事物,而且能够了解事物的优缺点,激发发明创造的动机。做记录,主要是指当有了什么好的想法、好的构思时,就及时把它记下来。"猛然想起的好主意很容易被忘掉,所以一定要随时做记录。"这是一位心理学家的教导,请记住它。

善于联想,善于借鉴

人的生活中常常有这样的事:甲事物与乙事物看上去好像不存在什么联系,但人们可以通过借鉴甲事物的长处去改变乙事物的不足。如果平时经常注意把耳闻目睹的事物同确定的目标联系起来思考,进行多侧面的比较,把事物的"长处"接收过来,说不定就能解决许多疑难问题。

综合思考,反复讨论

搞发明创造要养成时时处处都勤动脑子的好习惯。不仅要多一些设想,还要勤奋学习,掌握较多的知识,以便对事物进行多角度的综合思考、综合研究。

当然,搞发明创造不能靠自己冥思苦想,还要借助众人的智慧、

大家的力量。如果把自己的某些想法、某些疑难讲给大家听，让众人反复讨论，提出意见，这样会收到意想不到的效果。

敢于突破，克服惰性

发明创造要敢于突破一些旧思想、旧习惯和旧势力的阻碍。人们在生活中往往有一种惰性，对周围的事物和所使用的东西用惯了，看惯了，习惯了，不易发现缺点；另外满足现状，缺乏改革热情，对发明创造是很不利的。因此，要想搞发明创造就得克服这些惰性。

勤于实践，亲自动手

实践出真知，发明创造离不开实践。要想成功，就得勤实践，勤动手。勤动手包括勤收集情报、资料，勤试验，勤制作。

尊重科学，量力而行

发明创造本身就是科学，还要抱有科学的态度，既不能脱离实际去空想或抱侥幸心理，也不能好高骛远看不起生活中的小事。同时还要根据实际能力去努力，否则是不会有什么成效的。

发明活动的特点是新颖、合理、实用，关键在于合理。一切不尊重科学规律的"发明"设计，都是不会成功的。学校要通过一定的组织形式，努力启发学生的思路，让学生充分讨论和总结出一些摸索规律的办法。在组织这类活动时，注意一些环节。

1.普及相关知识

要向学生普及一些如何进行发明创造、革新的方法，启发思路，启发学生明确什么是发明创造；介绍有关样品和资料，引导大家评议和剖析，从中得到借鉴和启发。

2.倡导深入观察

倡导学生深入生活，提高观察能力和发现新异现象的能力；鼓励学生对周围的事物、日常的生活进行观察，遇到不顺手、不方便、不满意的事情，就想方设法去改革、去发明创造，而不要将就对付，得

过且过。

3.鼓励提出问题

鼓励学生质疑问难,发现矛盾,寻找发明创造的目标,提出设想方案。

4.不断改进完善

指导设计、修改制作并注意培养队员不怕失败的毅力和顽强的意志力。

对小学生的发明指导方法

根据儿童的心理特点和知识水平,有关专家在进行了大量研究和实验的基础上,提出了12种儿童发明技法。这些技法在小学生发明创造中比较适用。

加一加

思考方法:可在这件东西上添加些什么吗?需要加上更多时间或次数吗?把它加高一些,加厚一些,行不行?把这件东西跟其他东西组合在一起,会有什么结果?

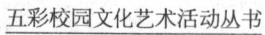

减一减

思考方法：可在这件东西上减去些什么吗？可以减少些时间或次数吗？把它降低一些、减轻一些，行不行？可省略、取消什么吗？

扩一扩

思考方法：使这件东西放大，或使这件东西的某一部分或几部分扩展，会怎么样呢？

缩一缩

思考方法：使这件东西压缩、缩小；或使这件东西的某部分缩小，会怎么样呢？

变一变

思考方法：改变一下形状、颜色、音响、味道、气味，会怎么样？改变一下次序会怎么样？

改一改

思考方法：这件东西还存在什么缺点？还有什么不足之处，需要加以改进吗？它在使用时，是不是给人们带来不便和麻烦？有解决这些问题的办法吗？

联一联

思考方法：某个事物、某件东西或某件事情的结果，跟它的起因有什么联系，能从中找到解决问题的办法吗？把某些东西或事情联系起来，能帮助我们达到什么目的吗？

学一学

思考方法：有什么事物可以让自己模仿、学习一下吗？模仿它的形状、结构，会有什么结果？学习它的原理、技术，又会有什么结果？

代一代

思考方法：有什么东西能代替另一样东西吗？如果用别的材料、零件、方法等，代替另一种材料、零件、方法等，行不行？

搬一搬

思考方法：把这件东西搬到别的地方，还能有别的用处吗？这个想法、道理、技术，搬到别的地方，也能用得上吗？

反一反

思考方法：如果把一件东西、一个事物的正反、上下、左右、前后、横竖、里外、颠倒一下，会有什么结果？

定一定

思考方法：为了解决某一个问题或改进某一件东西，为了提高学习、工作效率和防止可能发生的事故或疏漏，需要规定些什么吗？

教师在传授辅导发明技法时，不要照本宣科，花大力气去讲理论，要多例举小学生成功的发明项目用的思维方法，参考一些有关的书刊，运用小学生喜闻乐见的语言和方式以提高辅导的效果。

对中学生的发明指导方法

探索需要法

需要和希望是发明之母。了解社会的需求和人们的希望,是寻找发明课题的重要途径。在仔细观察和充分调查的基础上,从生活、工作及学习的需要出发,根据人们的某种希望,下功夫去探索、研究,就会创造出成功的发明来。

探索人们的需要,除了要善于观察生活中的各种问题,积极了解人们对所使用物品的意见,主动调查产品在实际中应用情况以外,

还可以召开"需要、希望陈述会",请到会人员围绕一定的主题,陈述、列举自己的需要和希望,然后收集起来进行综合分析,这些希望和要求就成为发明创造的基础。

缺点列举法

在日常的生活中,所使用的东西不可能都是十全十美的。即使是工厂里正在生产的各种产品或是市场上正在销售的各种商品,也并不是完美无缺的,它们或多或少地存在着这样或那样的缺点。可是,由于人们身上潜在的惰性的影响,对于这些东西逐渐习惯了,不以为然,很少去研究它们有什么缺点和不足。

如果人们对经常使用而又十分熟悉的物品采取"吹毛求疵"的态度,并且深究它们的缺点,分析这些物品在使用时不尽合理的地方,开动脑筋,找出它们的缺点,并对这些物品存在的缺点加以改革,就会成功地搞出一项发明来。这种发明的方法就叫做缺点列举法。

用缺点列举法搞发明,关键是发现物品的缺点,如果能够围绕一种物品发现它的缺点,把所有的缺点列出来,再针对列出的缺点,提出改革设想,这项发明就容易成功了。

怎样指导学生去发现缺点呢?可以从以下四个方面入手。

1.调查分析

利用课外时间或假日到市场上去搞商品调查,然后进行分析,在调查分析的基础上,发现某些商品存在的缺点和不足。

2.深入观察

要随时留意自己日常使用的物品,它们存在哪些不足或不便之处,也应该随时留意自己周围的人们对使用某种物品的反映,以发现缺点。

3.提出疑问

要敢于质疑,善于质疑。善于从物品的形态、材料、加工与使用

等不同角度提出问题，发现缺点。

4.仔细分析

要对物品的结构、功能等进行仔细分析，通过分析发现缺点和产生缺点的原因，并进一步寻找出改正缺点的方法。

此外，使用好缺点列举法，还要克服安于现状、得过且过的惰性心理。

组织合成法

把分散的、已有的物品，进行巧妙地调节，并重新恰当地进行组织合成的方法，叫做组合法。组合有以下几种方式。

1.主体附加

在原有的物品上增加一个新附件。如在自行车上增加一个计程表，成为能计程的自行车。

2.异类组合

把两种或两种以上不同功能的物品组合在一起。如收录机就是收音机和录音机组合而成的。

3.同物组合

把若干个相同的物品组合起来。如把许多毛笔组合在一起成为排笔；把两个订书机组织在一起成为双排订书机。

4.进行重组

分解事物原来的组织，再以新的意图重新组合起来。组合法是一种简便易行的发明技法，学生容易掌握和运用。小学生在运用组合法搞发明的时候，教师一定要指导学生明确组合的目的。

通过组合要提高效率，充分利用空间；通过组合使事物互相补充，和谐一致；要注意物品之间相互的适应性，应以提高事物原有的品格为前提；通过组合，还要达到扩大用途、增加功能、增加效益和节约的目的。

特性分析法

特性分析法是选定某一种物品，对其进行特性分析，并将所有特性一一列举出来，再探讨改革方法，最后形成一项有显著进步的的发明技法。

一般事物的特性，按词性来分包括以下三大类：名词特性，如全体、部分、材料和制造方法等；形容词特性，如性质、状态等；动词特性，如功能等。

指导小学生用特性分析法进行发明，要按步骤进行：使他们掌握分析事物特性的方法；组织学生围绕特性进行改革；如该物品还存在什么缺点，怎样改正这些缺点；在该物品上还增加一点什么，可以增加该物品的功能等；要对这些改革建议进行综合，使原物品的缺点得以改正，或有新的功能增加。

检核表法

根据需要解决的问题，或者需要发明创造的对象，列出有关问题，然后一个一个来核对讨论，从中获得解决问题的方法和发明设想的技法，叫做检核表法。

1.使用方法

对一件产品或某一个事物，从多个方面加以提问，根据不同情况得到一系列新设想；对所有设想逐一加以分析，产生最终解决问题的综合方案。

2.检核内容

（1）现有的发明有无其他用途？

（2）现有的发明能否引入其他的创造设想，或借用、或替代？

（3）现有的发明是否可以改动一下？

（4）现有的发明能否扩大用途，延长寿命？

（5）现有的发明可否缩小、减轻、分割？

（6）现有的发明有无代替品？

（7）现有的发明能否更换一下型号和顺序？

（8）现有的发明可否颠倒过来用？

（9）现有的几种发明是否可以组合在一起？

检核表法几乎适用于任何类型与场合的发明活动，享有"创造技法之母"的美称。

智力激励法

在进行发明时，设想越多越容易成功。怎样才能获得大量的创造性设想呢？美国创造学家奥斯本首先提出了智力激励法。后来，人们又对这种方法进行补充修改，产生了一些改良式的智力激励法。

无论是正统的还是改良的智力激励法，通常都是通过一个人数不

多的会议来实现的。在会上，人们自由地发表看法，互相启发，从而能提出许多的设想，其具体做法有许多形式。

1. 奥斯本式

参加会议的人不多于10人，以利于充分发表意见。会议的时间一般在1小时以内。会议的内容要明确。到会人员可围绕课题任意发表观点，无上下级之分，不分多数人的意见和少数人的意见。由于到会人员能够受到别人的设想的启发，并发表新产生的设想，因而会议结束时，可以得到数十个或数百个设想。

2. 默写式

每次会议由6个人参加，每个人在5分钟之内要提3个设想。开会时，首先提出发明的题目，在对发明题目解释完毕后，让到会的人填写卡片。每张卡片上有3个编号。在第一个5分钟之内，每人在卡片上填3个设想，然后将卡片传给下边的人。在第二个5分钟内，每个人从3个设想中再填上3个新设想，并把卡片传给下边的人。依此类推，半小时一共可产生108个设想。

3. 卡片式

此种形式又可分为CBS法和NBS法两种。

（1）CBS法做法。每次会议由3至8人组成，每人持50张小卡片，会议大约持续1小时。会议的议题明确后，最初10分钟内，到会者独立填写卡片，每张卡片一个设想。接下来的30分钟，到会者轮流发表自己的设想，每次读一张卡片，然后由其他人提出疑问，并填写由于启发而产生的新设想。最后的20分钟，让到会者自由交流设想，并将新设想记下。

（2）NBS法做法。会前明确主题。每次会议由5至8人组成，每人需将5个设想填在5张卡片上。会议开始后，每人对自己的卡片进行说明。当别人受启示而产生新设想时，应立即填在备用卡片上。全部发

言结束后,将所有卡片集中分类,放在桌子上,每类卡片加一个大标题。最后讨论一次,选出可实施方案。

4.三菱式

在宣布了会议的议题后,花费10分钟让到会人员分别在纸上填写设想。接着,每人轮流讲述自己的1至5个设想。别人在受到启发后也可以将新设想填在卡片上。然后,每个人将自己的提案汇总,写成正式提案。正式提案写成后,到会人员可以互相提问,进一步修改提案。最后,会议主持人将每个人的提案用图解方式写在黑板上,让大家充分讨论,以便确定最佳方案。

智力激励法的会议一般按如下步骤进行:

第一步,由会议主持人提出研究题目,明确目的要求。

第二步,参加会议的人围绕研究课题进行独立思考,将自己的设想记在笔记本上准备发言或写在卡片上。

第三步,依次发表自己的发明设想。与此同时,会议主持人和其余的人都将每个人的发明设想记录下来。

第四步,对每个人发表的发明设想大家分析、补充。与此同时,参加会议的人都根据别人的设想触发自己的灵感,记在笔记本上,准备提出更新的设想或补充。

第五步,就自己最感兴趣的设想,互相咨询,详细了解设想内容。

第六步,沉思5分钟后,再进一步依次提出新的设想和补充意见。

第七步,主持人将全部设想进行整理、归纳、拟出方案,再公布。

第八步,全体参加者对所提方案进行分析、比较,最后集中大家意见,确定最佳方案。

要使与会者全神贯注,集中注意力,充分发挥各人的智慧,必须要求他们遵守以下规则：

（1）参加人数以5至8人为好，最多不超过10人；

（2）开会时间以半小时到1小时为限度；

（3）主持人在召集开会前，必须向参加者明确研究的课题；参加人如有不清楚、不明白的地方，主持人应负责解释清楚，使参加者心中有数；

（4）参加人在明确研究目标的基础上，必须围绕议题进行广泛的联想，通过独立思考之后，尽可能多地发表自己的创造设想；

（5）在会上，任何人不许批评或指责别人提出的设想，更不要讥笑和嘲讽；

（6）鼓励任意思考，打消顾虑，大胆设想，想法越多、越新奇越好；

（7）在会上，对任何人提出的设想，都不作判断性结论，待会议结束后，再进行整理和评论；

（8）在会上，不准私下交谈，干扰别人的思路，发表意见的人，必须针对研究问题，集中注意力，把思路表达清楚，使参加者都明白；

（9）参加者应注意听取每个人的发言，利用别人的想法来激发自己的灵感，或结合几个人的想法，综合考虑，提出自己创新的更好的设想；

（10）每个人提出的设想，不分好坏，一律记下来。

设问法

设问法是围绕现有的事物，以书面或口头形式提出各种问题，通过提问，发现现有事物存在的问题和令人感到不足的地方，从而找到要革新的方面，发明出新的事物来。设问法有很多，比较著名的有四种：

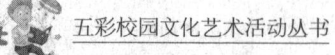

1.5W2H法

就是从7个方面去设问，这7个方面的英文第一个字母恰好是5个W和2个H。

（1）为什么需要革新（WHY）？

（2）什么是革新对象（WHAT）？

（3）从什么地方着手（WHERE）？

（4）什么人来承担革新任务（WHO）？

（5）什么时候完成（WHEN）？

（6）怎样实施（HOW）？

（7）达到怎样的水平（HOW MUCH）？

2.七步法

（1）确定革新的方针；

（2）收集有关资料数据，作革新的准备；

（3）将收集的资料数据进行分析；

（4）将自由思考产生出来的各种各样的创造性设想一一记录下来，并构思出革新方案；

（5）提出实现革新方案的各种创造性设想；

（6）综合所有有用的资料和数据；

（7）对实现革新方案的各种创造性设想进行评价，筛选出切实可行的设想。

3.行停法

行停法是通过"行——扩散思维（提出创造性设想）"与"停——集中思维（对创造性设想进行冷静的分析）"的反复交叉进行的设问方法。其具体步骤如下：

（1）行——想出与所需要解决的问题相关连的地方。

（2）停——对比进行详细的分析和比较。

（3）行——对解决问题有哪些可能用得上的资料。

（4）停——如何方便地得到这些资料。

（5）行——提出解决问题的所有关键处。

（6）停——决定最佳解决方法。

（7）行——尽量找出试验的方法。

（8）停——选择最佳试验方法。

……直至发明成功。

4.八步法：

（1）认清环境；

（2）设定问题范围与定义；

（3）收集解决问题的创造性设想；

（4）评价比较；

（5）选择最佳方案；

（6）初步设计；

（7）实地试验；

（8）追踪研究。

信息交合法

信息交合法就是一个由多维信息标组成全方位信息反应场，在这个反应场中，信息和信息交合产生新信息的发明方法，这需要遵循具体的实施步骤。

1.定中心

将新研究的事物、物体或产品圈起来，确定它的位置。如：研究笔，则将笔圈起来，并把它作为一个多维坐标的中心。

2.划标线

根据中心信息的需要，通过坐标的中心，划几条坐标线，准备串起有关信息序列。如：构造、功能、材料等等。

3.注标点

就是在信息标上注明有关信息点,如笔杆、笔帽、装饰、赠品等。

4.相交合

以一条线上的信息为母本信息,以另一条标线上的信息为父本信息,相交可产生子信息。即新信息、新产品、新品种。如塑料与装饰交合为塑料装饰笔,再与温度交合,则为表示温度的塑料笔。利用信息交合进行发散思维时,要注意基本的要求。

(1)整体分解原则。即把系统整体按一定程序进行分解。首先根据目标的要求划分出不同的层次,按层次得到要素,一直分到需要的层次为止。

(2)信息交合原则。先要重视本体交合,即事物本身要素的交合;其次是打破原有功能的框框,引入不同类知识的信息标,进行大范围的"边缘交合"。

（3）结晶筛选原则。对组合中出现的千万个新品种，应根据评价的结果进行筛选。筛选时要注意新品种的实用性、经济性、易生产性和审美价值。

移植法

在发明创造中，将某个领域内原理、技术、方法、材料和结构引用到另一个领域内进行研究的方法，就是移植法。

移植法有两条途径：一条是将原理、方法应用于具体事物；另一条是为解决正在研究的问题，寻求可以移植的原理、方法。这两条途径的思考程度是不一样的，步骤如下。

1.将原理、方法应用于具体事物

（1）已知的原理或方法；

（2）列出这个已知原理或方法能产生的具体功能；

（3）列出现实生活中需要这些功能的事物；

（4）提出各种应用原理或方法的设想；

（5）检验这些设想。

2.为解决问题寻求原理、方法

（1）提出对未来发明品的要求；

（2）明确需要解决的关键问题；

（3）列出在现实生活中能解决这个问题的各种装置；

（4）提出各种移植设想；

（5）检验这些设想。

扩展用途法

扩展用途法就是把一个现有事物的用途扩展到多方面用途，使其发挥更大作用的发明技法。

扩展用途法在发明的实际运用中，没有一种固定的思考程序，其思维方式是扩散型的，应该把握的重点是针对某一事物为了扩展用途

而进行发散思维，引发出大量的创造性构想、评价，找出可行性最大的构想，努力使之实现。

1.事物用途的扩展的方式

（1）直接将某种东西运用到另一类事物中去，作用不变；

（2）在某种东西为主体的情况下，增添附加装置，用途不变，达到功能增加的目的；

（3）把某种东西同其他东西进行巧妙地组合，功能互相渗透。

2.运用扩展用途法注意事项

（1）经常思考一种物品在不同的场合下会有什么新的用途，是产生新发明的简便方法。

（2）从一种物品所具有的用途，去扩展它的新用途，也可能会有新的发明产生。

（3）经常注意研究废弃物品的新用途，也是取得发明成功的有效方法。

（4）对原有物品的性能稍加改变，扩展这种物品的新用途，也可产生新的发明。

学生物理科学实验活动

鱼往哪里游

在一只玻璃瓶里盛满水，把一张绘有大鲨鱼的画片放在玻璃瓶后面。把画片一会儿贴近瓶子，一会儿又远离瓶子，就会看到鲨鱼游动的方向改变了，一会儿向左，一会儿向右。

这里盛满水的玻璃瓶相当于一个凸透镜，就是运用凸透镜的成像原理改变了鲨鱼游动的方向。

人造彩虹

让一束太阳光线通过一个三棱镜，太阳光就会在墙上产生一条七色彩虹。

拿一只大碗，盛满清水，把镜子斜放大水碗里，跟水平面成30度角。再用一张黑纸，中间剪一条较窄的长缝，包在手电筒的玻璃上。在黑暗的房间里，把手电筒的光照到镜子上，就会看到天花板上有一条彩带。

这个实验证明了白光中包含许多不同颜色的光，也就是波长不同的光。镜面上的水起着棱镜的作用，因为不同颜色的光，折射程度不同，红光折射得最小，紫光折射得最大，所以出现了不同颜色的彩带。

幻影

把门窗关上，使室内的空气稳定下来。在脸盆的盆底内辅上一层

细沙,再在靠近脸盆的细沙上放一些硬纸做的房屋和树木。然后把脸盆放在有火的炉子上,等脸盆里的细沙发烫时,沿着盆沿仔细观察,会看到在对面的盆沿上,有倒悬着的房屋和树木的幻影。

这是光的折射造成的,沙面一薄层密度较小的热空气使光线发生折射,沙漠中会出现"海市蜃楼"也是这个原因。

杯底硬币

将一枚硬币投入装水的玻璃杯。先把头摆正,用双眼看,就会感到硬币处在与它的实际深度不相符的地方。所看到的硬币的水平距离是不是也发生了变化?如果用一只眼睛看,情况是不是一样?为什么?

杯底硬币反射出的光线射出水面时,在水和空气的分界上发生折

射，折射线偏离原来射出的方向而靠近水面。观察者感觉到的物体位置，是进入双眼的两束光线的交点。因此，会误认为光线是在比实物高的某一位置发出来。

用一只眼看时，只要方才两眼处于相同高度，情况一样。但是，如果把头向左或向右偏转一个角度进行观察时，则所感觉到物体的位置，不仅比实际位置高，而且还向自己移近了一些。

当选择某一合适的角度，从水面斜上方去看装有硬币的玻璃杯时，在水面上可以看到硬币的像。

如用干手紧贴玻璃杯外壁，则水面上的硬币没有什么变化；如果换一只湿手，则像就消失了。这是怎么一回事？

原来，杯底硬币反射出的光线，一部分在对面的杯壁上发生反射，而其中又有一部分改变方向向上，再在水面发生折射。这样，只要选择到某一角度去观察硬币，就能在水面上看到硬币的像。

湿手紧贴玻璃杯外壁时，手和杯壁间隙被水填满。因为水的折射率和玻璃近乎相等，所以，硬币的光线几乎全部没有反射，在水面上也就看不到硬币的像，当干燥的手贴杯壁时，对于内部的影响很小，水面上仍有硬币像。

奇妙的光线

把糖块放到盛有很多水的玻璃容器中，不加搅拌，一条很细的强光束水平地射入容器后，被折向容器底，而后又及底面反射向上，不断地弯曲，最后又水平地射出容器侧壁。

光向来都是直线传播的，为什么会弯曲呢？原来，糖块放入水里后，一时来不及溶化。容器底部的糖块积得最多，折射率的改变自然也最大。这样，就造成深度不同折射率不等的情况。

细光束进入容器后，据折射定律可知，光线偏折向下，由于折射率随深度变大，故而越往下，光线弯曲得越厉害。当光线抵达底部

后，又被反射、向上，再次不断地被弯曲，但是弯曲得越来越慢。

手心上的圆孔

把一张纸卷成直径约二三厘米的纸筒，用右手拿纸筒放在右眼上。左手手心向里，靠近纸筒壁，放在左眼前面。这时候，睁开双眼向前看，就会发现左手心上出现了一个圆孔！

毫无疑问，看到的不过是幻像，因为人的两只眼睛一般只能产生一个映像，用左眼右眼分别看不同的东西时，大脑很自然地把两个映像重叠在一起，所以左手上会"出现"一个洞，这也是眼睛会产生错觉的一个例证。

万花筒

用画报纸一层一层地糊个圆筒，在一端固定一块与筒内径大小相等的玻璃，再在玻璃外贴一张同样大小的圆纸，中间留一目视圆孔。从圆筒的另一端垂直放入其长度略小于圆筒长度的三块长条玻璃，每条玻璃的长边对接，短边组成一个等边三角形，将它们固定好。再固定一块与筒内径大小相等的玻璃，固定好后放一些碎彩色塑料或彩色纸屑，有彩色碎玻璃更好。最后，在圆筒的最外端固定好一块与筒外径大小相等的毛玻璃，万花筒就做好了。

立体观察器

用铅笔和尺子在一张薄纸板正中画上一个简单的十字框。框边应约长5厘米、宽1厘米多，掏空十字框，留下方纸板。

去掉"十"字框后，将纸板成直角立放在一张画图或照片前。眼睛向下，通过十字开口看图，特别是拍摄的建筑物照片，效果最好，那么几秒钟后，平面图像变得具有立体感。如果希望观看立体头像，这自制的观察器就能使你如愿以偿。

有趣的枕头

坐在转椅上，用最大的力量抛出一只枕头。枕头向前抛，身体就会向后退，转椅就会转起来。枕头越重，抛出时用的力越大，转椅旋转得也越快。

这是因为人用力向前抛枕头时，枕头也产生一个力，向你反推过来。这就是牛顿第三定律：作用力与反作用力方向相反、大小相等。火箭在太空飞行，也是因为它飞行时不断喷出大量气体，强大的气流的反作用力推动火箭向前运动。

变形的纸圈

准备一个玩具电动机，一根细铁丝。用一段塑料套管把电动机的轴和铁丝对接上。另外用一条30厘米长，1.5厘米宽的厚纸条粘成一个圈。使铁丝穿过纸圈，并且通过圆心。把纸上端与铁丝固定，纸圈上端的小孔要比铁丝直径略大些。纸圈静止时，保持圆形，电动机一转动，纸圈跟着旋起来，这时候可以明显地看到纸圈变成椭圆了，转得越快，纸圈就变得越扁。

人类居住的地球，经过几十亿年不停地自转，形成了这样一个略呈椭圆形的星球。

听话的铁筒

先用锤子和铁钉在铁筒的顶盖和底面上各钉两个小孔。

剪一根长皮筋，使它交叉穿过四个孔，将皮筋的两端收头打结。

然后，将小的重物，比如一个铅块或螺丝钉加螺帽，系到皮筋的中心，即皮筋在筒内的交叉处。

重新把筒盖盖好，使铁筒在地上向前滚动。筒内的重物使铁筒的重心下降，于是便将皮筋缠绕起来。当你花在铁筒上的推力消耗完时，缠住的皮筋反绕，铁筒便慢慢地向你滚回来。

皮筋越粗，铁筒返回的速度就越快。

真空萝卜

取一个新鲜水萝卜，用锋利的刀在萝卜中间切开，要求切得很平

直。然后在中间挖个浅凹坑，把带有根须的半个萝卜的切面，按在盘子的中心位置，然后慢慢地提起萝卜，盘也会跟着萝卜被提起来。因为萝卜和盘子接触面有一层很薄的水，萝卜被提起来时，在萝卜的凹坑处形成了近似真空的状态，这时大气的压力就会把盘子托住了。在工厂里经常用真空吸盘来送材料，搬运零件。

跳舞的乒乓球

口对口地平拿着两个玻璃杯，两个杯子的距离不能太大。在一个玻璃杯里，放一只乒乓球，用嘴往这两个玻璃杯的中间用力吹气，你会发现，吹一下，球就会从原来的玻璃杯里跳到另一个杯里，再吹一下，球又跳回原来的玻璃杯中，不断地用力吹气，球就会在两个玻璃杯里不断地跳来跳去。

因为气体的流速越快，它侧面的压力越小，乒乓球就是被吹出的气流"吸"得跳来跳去的。

激流中的小球

拿一只乒乓球，放在水龙头下边的地面上。打开水龙头，让水形成一股均匀的细流；调节小球位置，使它正好处在水柱正中央。这时候，球不会被冲走，只在原地滚动。

这是因为水流使附近空气的流动速度加快，根据伯努利定理，气流加速，空气的压力就会减弱。这样，它周围的空气压力相对比较大。大气压力把乒乓球推向压力较小的水流区域，所以小球就在原地滚动。

玩具气枪

把薄壁管子插进一块生土豆片里，土豆就会嵌进管子的一头，把管子堵住。用同样的方法把管子的另一头也堵住，这就成了一支土豆气枪。用木棍或铅笔把一头的土豆慢慢地往管子里推。注意，这时一定要推得准确、敏捷。预备——射击！"啪"的一声，另一块土豆就像子弹一样向目标射去。

因为管子两端的土豆片把管里的空气密封起来了，当一块土豆被快速推向另一端时，管里会产生较大的气压，把另一端的土豆射出去。

其实不用土豆，用浸湿的废报纸团代替土豆，也可以玩这种游戏。

巧取硬币

在一张铺有台布的桌子上，倒扣一只玻璃杯，杯的边缘用两枚平放的五分硬币垫起来，杯子中间放一枚一分硬币，如何能够既不触到玻璃杯，又不触到五分硬币，把那枚一分的硬币从玻璃杯下面取出来呢？

用手指甲在靠近杯口处向自己的方向刮桌布，注意那硬币，它会缓慢地向你"爬"来，不一会儿就从杯中底下顺顺当当地"爬"出来了。

这是由于你每刮一次台布，就把台布向前拉一点，硬币也就向前移动一点。手指抬起时，台布的弹性使台布很快缩回去，由于惯性作用，硬币却停留在移动后的地方。这样多次刮动台布，硬币就"爬"出来了。

烟圈炮

找一个硬纸筒，把两个口用牛皮纸封住，牛皮纸要尽量绷紧。在一端的牛皮纸当中剪一个直径约1厘米左右的圆孔。这个纸筒就算是炮身。要放烟圈，就得要有烟，这只能请一位会抽烟的人从小圆孔中吹进几口浓烟。把炮放平，用手指一下一下地弹纸筒的底面，就会看见一个个美丽的烟圈从圆孔里飞出来。即使没有烟，用同样的方法弹筒底，也能产生看不见的气浪。如果炮口对得很准，一个气浪就能把十几厘米远的蜡烛火焰扑灭。

因为弹击筒底时，纸筒里的空气受到压缩就从小孔中喷出，形成

一个气浪,这种气浪的速度和力量都比较大,足以把烛焰扑灭。

哪个先落地?

找两张报纸,把其中一张揉成一团拿在左手,另一张保持原样拿在右手,然后一齐举过头顶,并同时放手。这时你可以看到揉成团的报纸很快落到地上,而平展的报纸慢慢地飘落下来。

空气对运动着的物体有阻力,物体的面积越大,受到空气的阻力就越大,所以平展的报纸比揉成团的报纸下落得慢。汽车、火车、飞机的外形都做成流线型,目的也就是减少空气阻力。

巧断铁丝

取两根长约15厘米的木条,中间用铰链连接。在木条两端钉上两只钉子,并用金属片挡在木条的两端。把细铁丝绕紧在钉子上。绕过金属片绕到另一端的钉子上,同样绕紧,并使两根木条成150度夹角。这时,只要用一个手指在人字形木条的中间处往下一按,铁丝就能被绷断。

如果两根木条的夹角很大,接近175度左右,根据力的分解与合成的原理,在两根木条交接处施加一个垂直向下的力,就可以使细铁丝受到比这个力大六七倍的力,从而使细铁丝绷断。

难舍难分

找两本比较厚的书,把它们的书页页对页对插起来,对插的书页越多越好。然后请一位同学用双手抓住一本书,你也用双手抓住另一本书。现在你们用力拉吧,你们会发现,这两本书很难被拉开。

这是由于书页与书页之间存在着摩擦力,虽然这种摩擦力并不大,但是由于对插起来的书页很多,这些书页之间存在的摩擦力加起来就形成了一个非常大的力了。

筋斗大王

找几个大小不同的钢珠和几张包香烟的铝箔纸。先把铝箔纸放在水中浸泡片刻。用手搓掉铝箔后面的衬纸。把铝箔剪成长方形，按钢珠大小卷成圆筒，把两头捏紧，使里面钢珠不会找几个大小不同的钢珠和几张包香烟的铝箔纸。

先把铝箔纸放在水中浸泡片刻，用手搓掉铝箔后面的衬纸。把铝箔剪成长方形，按钢珠大小卷成圆筒，把两头捏紧，使里面的钢珠不会掉出来，然后放在纸盒中摇动一二十下，圆筒的两头就成了圆的了。这时把它们放在粗糙的斜面上，它们就会不断地向下翻筋斗。有几个大小不同的"筋斗王"一起翻筋斗，更是有趣。

因为钢珠和铝箔的摩擦力很小，而铝箔和粗糙斜面的摩擦力较大，"筋斗大王"从高处向下翻滚的时候，钢珠在铝箔壳内由高处迅速落到低端，和铝箔外壳一起滚动半圈后，钢珠又处在高处，所以就不断地翻起筋斗来了。

奇怪的漏斗

用胶布或胶带把两个漏斗的大口相对粘住。做一个硬纸"桥"，要求"桥"的中间高于两端，但高低之差要小于漏斗大口的半径。"桥"中间最高处的宽处要小于漏斗两个颈部之间的距离。

把这对漏斗放在"桥"的一头，它会滚向"桥"的顶部。

对"桥"来说，漏斗好像是在向上滚动。实际上，漏斗对桌面来说，它的重心是向下降。

空气压缩器

将玻璃瓶放在一盆水中，瓶底向上。立好瓶子以前让其进水，而皮管的一头则伸到瓶中。

向皮管吹气，你会看到瓶中的水位因你用力吹入空气而下降。放开管口时，你会听到空气逸出时发出的噬噬声，同时还会看到瓶中的水位再次上升。

也许你会觉得奇怪，为什么向瓶内吹进了许多空气，而水位下降

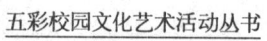

不多？那是因为，在密闭的空间，空气是被压缩了的。

摩擦生电

把一张干燥的报纸铺在塑料贴面或有玻璃板的桌面上，用一小块的确良织物用力地在报纸上摩擦半分钟，使报纸带上大量电荷。把一块食品罐头上的圆铁片放在报纸中央，然后用双手把报纸提起来。

这时，不论是谁，只要用手指很快地接近圆铁片，在指尖和圆铁片之间就会产生一个美妙的火花。改用尼龙布和羊毛织物做同样的试验，可以比较出哪种物质能使报纸积累更多的电荷。

在干燥的空气里，用一张烘烤过的干报纸来做这个试验，效果最好。甚至可以产生3厘米左右长的火花。

特殊的电池

找一些各式水果，如桔子、苹果、梨子等等。再弄来两根套有外皮的导线，一定要非裸线，一个灵敏度高，适于较小电压的电流计或安培表。

请问，有什么办法让水果产生电流？如何测试证实？生物电池很早就为人们熟知，有人拿它来制造手表，有人认为它是一种清洁的、有利于环保的能源。

土豆以及其他一些蔬菜也能做成一个小小电池。那两根导线上应该各自绑上一小片铜棒及锌棒。将它们同时插入同一样水果蔬菜中，一般都能生微弱的电流。

可以捉几只蚂蚁蜻蜓之类的小动物，用那两根导线触击它们，看看有何反应。如果导线上产生了电压，小动物又会怎样呢？

再想一想，导线上还可以系些什么小片，以产生电流？究竟哪一根导线的端头应该算正极，哪一根算负极？

以声消声

找两只蜂鸣器，缚在一根长约两三米的竹竿两头。在离竹竿重心相等的两点系两根细绳，把它吊起来，并且绞紧细绳，让蜂鸣器发声后，放开细绳，竹竿就会转动起来。如果我们站在旁边，就能感觉到蜂鸣器的响声时高时低。

这是因为声波会叠加。两只蜂鸣器发出的声波传到我们耳朵的时间有先有后，如果一个声波的波峰到达你站的地方时，正好另一个声波的波谷也到达这里，它们就会互相抵消或削弱，这时候响声就低。运用"以声消声"的原理可以削弱噪音。

水笛

这是一种乐器，实际上是一种简化了的竖笛。在奶瓶里倒上一瓶水，然后插进一根较粗的玻璃管，把嘴缩成"O"形靠在玻璃管口沿水平方向吹气，如果吹的方法正确，就能吹出声音。吹气时把奶瓶上下移动，可以改变音调，奶瓶抬得越高，玻璃管进水就越多，音调也就越高。

当气流冲击玻璃管口时，管口空气产生振动就发出声音。音调的高低由玻璃里空气的体积决定，体积越小，音调越高。

打电话

找两部电话机，以及一位实验伙伴。你和他分处两端。然后，拨对方的电话号码，待接通后，依声音由小至大地说话，问对方自己究竟说了些什么，清不清楚？

你会发现，当你扯破嗓子大声喊叫时，对方反而听不清楚，这是怎么一回事呢？

常见的电话话筒内有一片振动膜，膜上有一颗颗能导电的炭粒。当发话人音调太高时，振动膜振动很快，不能较好地随着声波的振动传送信号。这样，听话人听到的声音就会失真，就不容易听清楚了。

锯条琴

断了的废钢锯条是容易得到的，可以用它做一个锯条琴。

收集一些废锯条，像琴键一样从左到右、由长到短弹动锯条，锯条产生振动，不同长短的锯条会产生不同音调的声音。长锯条的音调比较低，短锯条的音调比较高。还可以依口琴的音为标准，来校正锯条的长短，使锯条的音调和口琴的音调一致。这样，就成为一台可以演奏的锯条琴了。

气球传声

取一只大小适当的气球，把它吹大到直径25厘米左右。用细绳把气球吊在竹竿上，并使细绳能在竹竿上移动。在竹竿的一边挂一个闹钟，让闹钟的正面对着气球一边的中心。你站在气球的另一边，距离应当是使你正好听不清闹钟的"滴答"声。移动气球位置，或调整你所站的位置，原来听不清楚的声音突然变得清楚了。这是球内的气体把声音会聚到你耳边的缘故，只要把比空气密度大的气体充入气球，都能起到这种作用。我们这只气球里充入的就是你吹出来的二氧化碳气体。

找磁铁棒

选两根完全相同的小铁棒，当然缝衣针也可以，其中一根在强磁铁的一个极上擦几下，使小铁棒也带磁性。另一根则没有磁性。对于这样两根外表一样的小铁棒，你能不借用其他东西的帮助，把那根带磁性的小铁棒找出来吗？

办法是有的，拿一根小铁棒的一端去接触另一根小铁棒的中间。如果端部吸引另一根小铁棒，那么你拿着的那一根是有磁性的。如果互相不吸引，那么你拿着的那根是没有磁性的。因为任何磁铁的磁性都集中在靠两端的地方，而中间几乎没有磁性。

转动的铅笔

把一支铅笔放在地毯上。你能不用手触及铅笔，而使铅笔按一定方向转动吗？其实这很容易，只要光着脚在地毯上走几下，当然只有在干燥的日子才有效，然后伸出一只手指去接近铅笔，铅笔就会跟着你的手指转动。因为你用脚在地毯上摩擦的时候产生了静电，因而手指上也带上了静电荷，静电吸引使铅笔转动。

磁画

在一块书本大小的硬纸板上，画上一个脸谱，然后把细导线沿着脸谱的轮廓布设在上面，并用透明胶纸把它粘住，不使它松动；再用一块同样大小的薄硬纸板，合在上面，用胶纸把两张纸粘牢。

在薄纸上面撒上细铁屑。把细导线的一端串联一个2~3欧姆的电阻后和电池的一个极相接，导线的另一端和电池的另一个极相接。轻轻地敲打硬纸板，纸板上就会魔术般地出现一张人脸。如果你能把导线和电池隐藏起来，并用隐蔽的开关控制电流，那就能让观看的人目瞪口呆。

这是因为电流通过导线时会在导线周围产生电磁场。当你敲下硬纸板时，靠近导线的细铁屑受磁场作用而聚集起来，形成画像。

学生化学科学实验活动

人造小火山

在一只蒸发皿内,用水将烧石膏调成糊状。在另外一只蒸发皿的中央竖起一支试管,把糊状的烧石膏倒在试管的周围,并把石膏堆成小山的形状,当石膏开始干固时,把试管拔出来。等蒸发皿内的石膏干固以后,依然是一座雪白的"小山"。不过,这座"小山"与众不同,它的中间有一个大洞,这就是"火山口"。

这时，应及时地把装糊状石膏的蒸发皿和试管洗净，因为放久了，上面的石膏干固后，不易洗去。

在"小山"中央的洞内装满重铬酸铵固体，再在重铬酸铵固体中插一条浸透酒精的滤纸，把滤纸点着，固体即被引燃。也可以把点着的火柴插到重铬酸铵固体中，把它点着。重铬酸铵固体即分解，从"火山口"发出嗤嗤的声音，并喷出红热的三氧化二铬固体。等重铬酸铵固体分解完了后，白色的小山坡上布满了红色的"岩浆"。

玻棒点火

利用氧可以助燃的原理，可以再做一个十分有趣的实验。

取约一克高锰酸钾晶体，压碎后放在一块玻璃片上。再取2~3滴浓硫酸，滴在高锰酸钾上，把滴有浓硫酸的高锰酸钾均匀地粘在一根玻璃棒的一端。把酒精灯的罩盖取下，用粘有高锰酸钾和浓硫酸的玻璃棒接触灯芯，酒精灯立刻就被点着了。

不用火柴、打火机，只用一个玻璃棒就能把酒精灯点着，真是奇妙！其实，当你知道发生这个现象的道理后，就不会感到奇怪。原来高锰酸钾是一种强氧化剂，它和浓硫酸作用时，能产生氧气并输出热量。酒精又是燃点低、易于挥发的液体，在这些氧气和热量的作用下，足以使酒精燃烧，于是当玻璃棒接触灯芯时，酒精灯便被点着了。

因为高锰酸钾与水作用能释放出初生态的氧，所以医药上用它作杀菌、消毒剂。百分之四的溶液可治烫伤。很稀的溶液常用来洗生食的蔬菜和水果，用以灭菌。

巧除铁锈

把草酸溶解在水里，配成5%左右的草酸溶液，再把沾了铁锈的床单衣物泡在草酸溶液中搓洗。不一会儿，白床单上的铁锈就被洗掉了。用草酸洗完后，还要多用些水把草酸洗掉，因为草酸是有腐蚀性的，不能让它留在床单上。为什么草酸能除掉铁锈呢？原来草酸能够和铁锈发生综合作用，生成无色的可溶性的H3［Fe（C2O4）3］，所以可以把铁锈除掉。

当然，除掉铁锈可以用其他方法。例如，利用氟化钾或氟化钠与铁锈的反应，把它转变为可溶性的无色的K3［FeFD6］络合物，然而这两种药品不如草酸好，也不如草酸容易得到。

掌握了除铁锈的方法，不仅能除掉床单上的铁锈，对其他沾污铁锈的衣物也是适用的。

自制肥皂

在下面的一个实验中，把食盐加入肥皂水里，会立刻析出固态皂来，就像是食盐变成了肥皂一样。取一支试管，注入2~3毫升清水，放

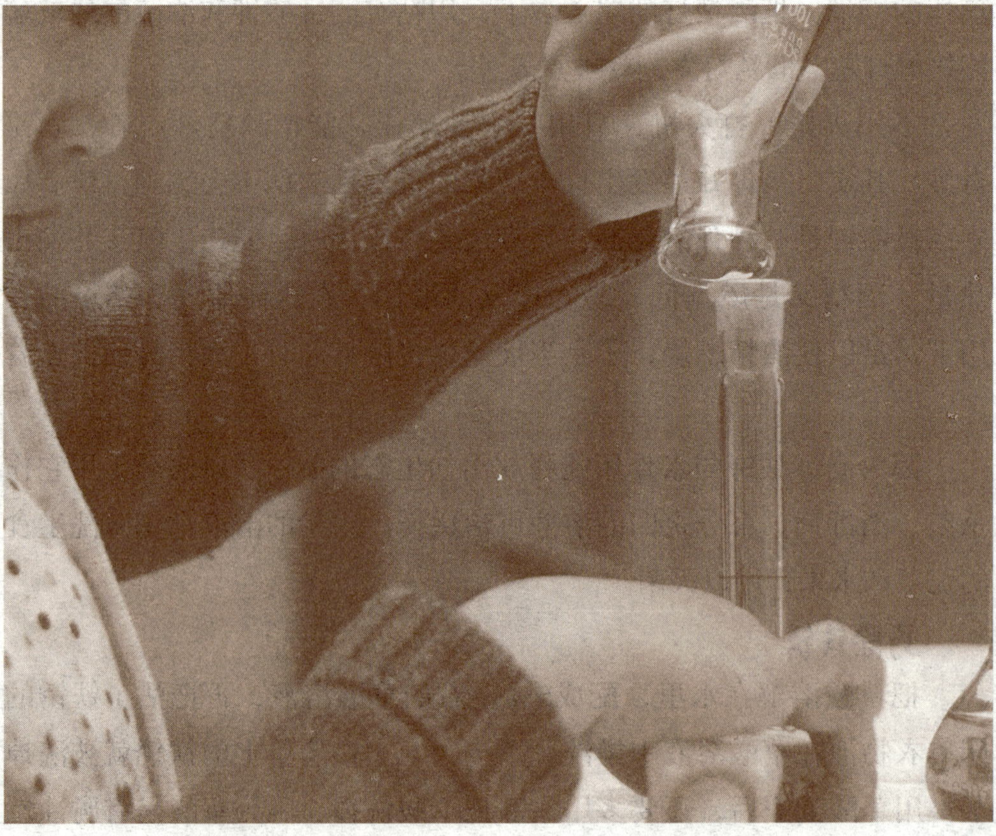

入一块豌豆大的肥皂，用小火加热，使其溶解。冷却后，加入10毫升水，再加少许干燥的食盐，用力振荡。随着食盐的溶解，肥皂液开始变混浊，终于析出来呈凝乳状的白色沉淀物。食盐变成了"肥皂"，浮在透明的液体上面。将肥皂取出后就会发现肥皂更洁净了。用来洗手效果一样。

原来这块肥皂并不是食盐变的，而是溶解在水中的那块肥皂又重新析了出来。这主要是因为食盐的溶解度比肥皂溶解度大，溶液中钠离子增多了，钠皂的溶解度就逐渐降低，最后终于从溶液中析出，而食盐却仍然留在溶液中，化学上称此过程为盐析作用。浮在上面的沉淀物叫"核"即纯肥皂、"盐析皂"之名即由此而来。

肥皂的种类很多，普通的肥皂叫钠皂。在钠皂中加入香料和染料就成为家庭用的香皂。

在肥皂生产中，可以用盐析法去掉杂质。用苛性钠水解时，所得的粗制凝结物内含甘油，碱及盐，为了除去这些杂质，就需要加足量的水，将粗制皂煮沸成糊状溶液，再加入食盐将其沉淀，如此重复数次，即可除去杂质，又能回收甘油。

怎样制指示剂？

称取白色水珠花2.25克，用40毫升酒精浸渍，一般水与乙醇比为1比1，得到黄色浸出液，倒入试剂瓶，待用。

水珠花浸渍液在酸性溶液中变无色，在碱性溶液中显黄色。

取一个约200克的红萝卜或紫萝卜，用水洗净，把萝卜皮小心刨下、放入研钵中用力研碎、捣烂，使其成浆状。量取1~2毫升酒精倒入其中，使萝卜皮中色素充分溶解，再用20毫升蒸馏水加以稀释，并充分搅拌。试在不同pH值溶液中，观察变色情况。

其他如月季花、菊花、一串红、百日草、喇叭花、南瓜花、桔皮、红薯皮等浸出液，在酸、碱溶液中，都显示出不同变色情况，因

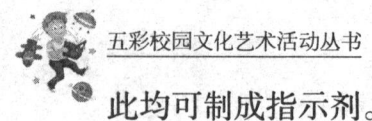

此均可制成指示剂。

蛋上开花

鲜蛋一只，竹片若干，石蜡，5%至10%的稀硫酸，10%稀盐酸。蒸发皿、小刀、毛笔、酒精灯、医用针筒和针。

将鲜蛋洗净，用针筒将蛋内蛋清蛋黄均抽取，或敲小洞倒出蛋清、蛋黄方法也可，但要小心，保留完整蛋壳。竹片洗净待用。蛋壳上用铅笔画上花卉或写上字，竹片上可用铅笔画上花卉或写上字，将石蜡放在蒸发皿中加热熔化，然后用毛笔在蛋壳上比画和字的范围稍大些涂上一薄层石蜡，干后，按底画或字用小刀刮去石蜡，滴入稀盐酸，让其作用后，用水冲去，然后在热水中除去石蜡，即可制蛋壳工艺品。要在竹片上刻花工刻字，用毛笔或针筒酪取稀硫酸溶液，在竹片上按底画重复画上，晾干后把竹片在酒精灯上烘烤，即可得褐色的字或花。

指纹现形

在手指上涂一层极薄的凡士林或擦手油，注意，轻轻一抹就可以了。然后让手指在一张白纸上压一下，你的指纹就会留在这张白纸上。这时，你当然看不出纸上有什么痕迹。

在一支干燥的小试管中加入少量碘片，放在酒精灯上加热，即产生紫色的碘蒸气。让刚才那张按过指纹的白纸与碘蒸气接触，就会在白纸上显现出你的指纹。

如果找不到碘片，也可以用消毒用的碘酒来代替，但是加热的时间要长一些，要等碘酒中的溶剂挥发以后，才能产生碘蒸气使白纸显现指纹。

指纹是怎样显现出来的？原来当手指上涂了一薄层凡士林以后，只在指纹的凸出处抹上油，而在指纹的缝隙中是没有油的。这样，当你的手指压在白纸上以后，纸上一部分吸上了油，而另一部分没有吸油。如果用碘蒸气熏纸，有油的地方是不会吸附碘蒸气的，而没有油的地方则会吸附碘蒸气，于是正好显现出手指的指纹。

巧寻二氧化碳

当一颗子弹里的火药或炸药爆炸的时候，猛然释放出大量气体，使爆炸力具有极大的破坏性。那么，子弹还没有发射，炸药还没有爆炸的时候，这些气体藏在哪里呢？原来这些气体都是由固体物质产生的。搞一次小型的、不会造成什么破坏的爆炸，便可以了解到这种化学作用是怎样产生的。

找一只大瓶子和一只能够密封瓶口的软木塞子。先将一张小纸折出一条折痕，再把纸摊开，放上两大匙发面团用的发酵粉。把发酵粉徐徐倒入瓶里。预备好一支试管，里面装满醋，并且把软木塞用水打湿。

动作要快。一只手拿着软木塞，另一只手拿着盛满醋的试管，把醋迅速倒进瓶里，立刻把塞子塞上，但注意不要塞得太紧。

瓶子里的东西突然发出噬隆声，涌起很多泡沫，不一会瓶塞就会呼的一声飞起来。

发酵粉是化合物碳酸氢钠的俗名。它由钠、氢、碳和氧等元素组成，与醋混合以后，经过化学反应，放出一种叫做二氧化碳的气体，这种气体在瓶子里面集结起来，最后把瓶塞给冲跑了。

气体灭火

擦燃一根火柴，放入空牛奶瓶或大口瓶的瓶口，火柴能继续燃烧。这是因为火柴能够从它周围得到燃烧所需要的氧气。

现在再做一个实验。将一大汤匙发酵粉放入牛奶瓶或大口瓶里，再倒入1/4玻璃杯的醋。瓶子便给渐渐释放出来的二氧化碳气体了，这就好像水装在瓶子里面一样。

将燃烧着的火柴放在瓶口试一试，一下子就熄灭了。这一次火柴

放到瓶口就熄灭的原因，是火柴周围已不存在帮助它燃烧的空气。

这个实验也证明二氧化碳的气体密度比空气密度大，它不是浮在上面而是沉在瓶底的。我们还能把二氧化碳气体像水一样从这个瓶子倒到另一个瓶子里去，下面就做这个实验。

把一小段矮于瓶口的蜡烛放在一个大口瓶里，并把它点燃。

按上述实验方法另外用一只瓶子准备好一瓶二氧化碳气体。当这只瓶子里的大的气泡冒得少了时，即把里面的二氧化碳气体像倒水那样慢慢地倒入放着蜡烛火的大口瓶里。注意别把瓶子里的醋给倒出来，二氧化碳气体在大口瓶里满到烛焰时，烛光即自行熄灭。然而你却看不到二氧化碳气体，只能看到烛火灭掉了。

在二氧化碳气体中什么东西都无法燃烧，所以它是很好的灭火剂。我们在学校里和其他建筑物的墙上看到灭火筒，里面就藏有二氧化碳，不过它已经和肥皂状液体混合在一起了。一喷，它能产生泡沫，射向火焰把火熄灭。

会飞的卫生球

当你到商店去买卫生球时，就会闻到一股樟脑的气味。不过现在市售的这些卫生球，不是用樟脑做的，而是用一种从煤焦油中提炼出来的物质"萘"做成的。这种东西虽然没有翅膀，但它会飞。

取几颗卫生球，砸碎后放在一个去掉盖、洗干净的香脂盒里，然后把铁盒放在火上慢慢加热。再在一只烧杯中注入冷水，用手拿着放在铁盒的上边，要保持3~5厘米的距离。过一会儿，铁盒中的卫生球就都飞到烧杯底上去了，所不同的，原来是碎块，飞到杯底上的却变成了粉末。

卫生球真的飞起来了吗？原来萘有升华的性质。这个实验便是萘的升华现象。卫生球受热后，萘由固态直接变成气态，蒸气上升后遇到温度较低的杯底，就又由气态直接凝成粉末状的固态，聚集在杯底上。

萘的升华现象，不仅在加热的时候发生，就是在常温的情况下也十分容易发生，只是比较缓慢。把新买的卫生球放在衣服箱子里，过一个夏天就变小了，把衣服拿出来，带有卫生球气味。这就是由于萘的升华作用，使萘的分子飞离卫生球表面，沉积在衣服上的缘故。

萘的主要来源是煤焦油，但这样分离出来的萘含着大量杂质，往往需要精制。在工业上就是采用升华的办法去掉萘中的杂质，这样获得的萘，纯度可达98.5%至99.5%。

奇妙的变色花

用滤纸或易吸水纸，也可用棉花制作的花、$CoCl_2·6H_2O$。镊子、酒精灯、烧杯、玻棒、药匙。

在烧杯中用$CoCl_2·6H_2O$晶体配成饱和溶液。用镊子夹取纸花或棉

花制作的花在其中浸泡,晾干,反复多次至呈红色为止。

将红花放在酒精灯火焰上方烘,观察颜色的变化。然后再在花上喷水,再烘干,反复几次,得出变化规律。

也可将烘干的一束浸泡过$CoCl_2$饱和溶液的花,插在花瓶中或挂在墙上,当做晴雨花。

用$CoCl_2·6H_2O$饱和溶液浸过的花呈红色,当烘干后呈蓝色。再喷水后又变成粉红色,再烘干又变成蓝色。

当烘干的一束蓝色氯化钴的花,遇到空气中较多水分时,颜色会逐渐变红,预示天气可能下雨。若一直保持蓝色,表明天气晴朗,因此可称晴雨花。

不怕烧的布

取一小块棉布,蘸上水后放在桌面上,将击碎了的卫生球放在上面。然后擦着一根火柴,将放在棉布上的卫生球点着,待火焰熄灭后,将布块拿起来看,布块仍然完好无损。布块为什么没有丝毫烧坏的痕迹呢?

因为卫生球的成分是一种有机物叫萘。它是由易燃物质碳、氢两种元素组成的,又具有升华性质。把它放在棉布上点燃时,升华和燃烧就同时发生,虽然萘的蒸气在燃烧的时候放出大量的热,但同时发生的升华现象,要吸收热量,还有一部分热量要消耗在升高萘蒸气里,达到燃点使萘燃烧全面。

所以,和棉布接触部分的温度是比较低的,再加之浸过水的棉布又要吸收大量的热,使水变成蒸气,因此,总共消耗的热量就更多了。这样一来,火焰的温度就被降低,甚至远远低于棉布的燃点,所以棉布一点也不会烧坏的。

根据这个原理,还可以做一个简单有趣的实验。取一个卫生球,不要击碎。用一块新棉布紧紧地包好,用镊子夹住,然后用火柴点燃小布包。小布包就会着起来，不要让火着的时间太长，就让它熄灭，观察一下布，布并没有被烧坏。

糖水结晶

要是将砂糖放在水中慢慢搅动，一粒粒的砂糖变得越来越小，渐渐就看不见了。这是因为水把砂糖分成一个一个的分子，糖的分子和水的分子均匀地混合在一起的缘故。

凡是像砂糖那样可以与液体溶在一起的物质叫做可溶物质。溶解了的糖虽然不见了，但是它仍然存在于水中，我们能够把它再取出来。下面让这我们来做这个实验。

把一杯清水倒在一只平底锅里，搁在炉子上煮，水快开时，将火弄小些，同时把砂糖加进快开的水中。砂糖要一点一点慢慢地加，一直加到水刚好再也溶解不了砂糖为止。一杯水大概可以溶解400至600克的砂糖。然后将这糖水倒回玻璃杯。

在铅笔上结一棉纱线。这段线的长度应与玻璃杯的高度差不多。线的一端系一颗钮扣或回形针，把这根线拉直。随后把铅笔搁在玻璃杯的口上，吊着钮扣的线悬挂到盛糖水的玻璃杯中去。将这杯糖水移到较为暖和的地方，放上几天。当提起来看时，棉纱线上已经结满了霜一样的东西，这种一粒粒的东西就是糖的结晶。

被溶解的固体物质重新从液体里提取出来后，就会形成多面体的结晶体。

如果糖水冷却了，就溶解不了糖，一部分糖水会重新变成结晶状的物质。如果糖水渐渐地冷起来，结晶的颗粒就会大些。

浑水变清

在河流入海的地方，常常有一些叫三角洲的陆地，这些陆地是怎样形成的呢？为了弄清这个问题，不妨做一个实验。

在一个茶杯中放入一些泥土和水，充分搅拌后，使其静止。待大颗

粒沉淀后，把上层混浊的水倒入另一个茶杯中。然后把明矾研成粉末放到杯子里搅拌几下，过一会儿，原来浑浊的水就变得清澈透明了。

原来水中的那些小泥土微粒都带有负电荷，当它们彼此靠近时，由于静电斥力，总是使它们分开，没有机会结合成较大的颗泣沉淀下来，所以就会在很长时间内在水中悬浮，甚至几天也不能沉下来。

当加入明矾后，明矾和水发生化学反应，生成了一种白色的絮状沉淀物叫氢氧化铝，和带有正电荷的粒子。当它与带负电荷的泥、沙相遇时，正、负电荷就彼此中和。这样，不带电荷的颗粒就容易聚结在一起了，而且，聚结后颗粒越来越大，终于会克服水的浮力而沉入水底，水也就变得十分清澈了。

从这个道理中，我们就能解释河流入海处三角洲的成因了。河水里带有大量的泥沙，当它流入海口的时候，流速减慢了，大颗的泥沙就自动地沉下来，那些小颗粒的泥沙在海水中的食盐、硫酸镁等带正电荷的物质的作用下，电荷抵消，变成不带电的颗粒而沉淀下去，天长日久，就变成了三角洲。

烧不断的麻绳

麻的主要成分是碳、氢、氧等元素。在加热时，借助于空气中的氧气，是很容易燃烧的。有什么办法能使它烧不断呢？

在一个空罐头瓶内加上热水，然后放入磷酸钾，或者磷酸钾、磷酸钠等可溶性的磷酸盐，制成较浓约30%左右的溶液，再把30厘米左右长、毛衣针粗细的新麻绳放在制得的溶液中浸透，取出后晾干。把晾干了的麻绳浸在浓度为3%的明矾或硫酸钾铝溶液里，浸透后再取出晾干。这样，这根绳任凭你放在火上烧，怎么烧也不会断的。

为什么麻绳浸过磷酸钾和明矾溶液以后就烧不断了呢？从上面的实验中我们知道，燃烧是一种比较常见的化学反应。在通常情况下，燃烧必须具备三个条件：一是可燃性物质；二是支持燃烧的氧；三是达到着火点的温度。

因为磷酸钾和明矾都不是可燃性物质，它们不能支持燃烧。把麻绳浸在用这两种物质制得的溶液里，磷酸钾和硫酸钾铝的分子就沉淀在纤维的外面，形成一种保护层，把易燃的炭、氢、氧组成的纤维素和空气隔开，火焰也不能直接接触它，用火去点时就不再燃烧，当然也就燃不断了。

巧写"情报"

白纸一张、白醋或洋葱头、干净毛笔一支、酒精灯或蜡烛。

用白醋或洋葱汁在白纸上写字，干燥。写过字的地方对着火焰烘，并不断移动，待字显现为止。

原因是有机酸和纸发生化学反应生成了燃点低的化合物，在火上烘时发生了不冒烟、不发生的缓慢氧化反应。

气候图

有一种既简便、又有趣的制作一种气候图片的办法。找一张吸水性比较好的白纸，在纸的下半部用水彩画出绿色的草原。再用另一支毛笔把1M氯化钴溶液均匀地涂刷在白纸的上半部，然后把这张图放在炉火上烘烤，或者把它放在酒精灯火焰上微热，直到纸的上半部变成蓝色为止，如果蓝色不深，可以再涂刷和烘烤几次。

这时，你所画的气候图片就变成了蔚蓝色的天空下展示出一片茫茫的大草原。这蔚蓝色的天空就是无水氯化钴显示出来的颜色。

每当空气中的温度增大到一定程度时，蓝色的$CoCl_2$就会吸水转成玫瑰色的$CoCl_2·6H_2O$，气候图片上蔚蓝色的天空也就变成粉红色了，它警告我们，空气中的温度增大了，或者说，可能要下雨。

等到天气变晴，空气中的湿度减少了，我们又能看到茫茫的大草原上无边无际的蓝天了。

土豆上作画

土豆若干只、市售碘酒一瓶、配制一定量的饱和硫代硫酸钠溶液,毛笔两支、小刀一把。

将土豆去皮或切开后,用一支干净毛笔酸取碘酒涂在切面上,略干。再用另一支干净毛笔酸取饱和硫代硫酸钠溶液在切面处作画。

在土豆切面上涂碘酒后,切面显蓝色。在显蓝色的切面上用硫代硫酸钠饱和液作画处显白色。显示了蓝底白色画面。

土豆中含有较多的淀粉,淀粉遇碘呈蓝色。硫代硫酸钠与碘因发生化学反应而显白色。

变形鸡蛋

把一个比较小的鸡蛋,放在一小碗6M盐酸里,不时转动鸡蛋,让鸡蛋壳与盐酸充分作用。几分钟后,盐酸就会把鸡蛋壳都溶解掉,使鸡蛋变成一个很软的被一层薄膜包围起来的蛋白和蛋黄。鸡蛋壳的成分是碳酸钙,它在盐酸的作用下会全部溶解。

鸡蛋壳被溶解后,小心地将碗倾斜,慢慢地把碗里的盐酸倒在另一个瓶内,以供做下一实验用。在碗内换进清水,再把水倒掉,这样反复几次,直到把鸡蛋表面的盐酸和碗里残存的盐酸都洗掉为止。清洗时一定小心,不要把鸡蛋表面的薄膜弄破。

清洗以后,在碗里倒满水,把这个柔软的鸡蛋泡在水中,注意不要把蛋盖没,你会看到,鸡蛋在渐渐地肿胀。这个过程虽然很慢,不能在几分钟内立刻显示出效果,但是如果每隔一个小时观察一下,就会发现鸡蛋变大了一点。过了一天以后,你会看到这个比较小的鸡蛋变成一个很大的鸡蛋。这是细胞膜渗透造成的。

巧辨棉、羊毛和涤纶纤维

棉纤维的成份是纤维素,它是由碳、氢、氧组成的高分化合物,其中含有很多个葡萄糖单元。

羊毛纤维的成份是蛋白质，它是由a-氨基酸组成的，其中除了碳、氢、氧以外，还含有氮和少量硫。

涤纶纤维也叫的确良，是由人工合成的高分子化合物制成的，所以称为合成纤维。

这三种纤维燃烧时情况不同，由此可将它们区别开来。在棉布上抽出一根棉纱纤维放在酒精灯火焰中燃烧，不容易烧着，烧完后留下的是灰烬。

取一小段纯羊毛毛线，放在酒精灯火焰中燃烧，也能烧着，但燃烧时产生焦臭味，这种臭味类似于毛发或羽毛烧焦时产生的气味。这是因为它含有蛋白质的缘故。

从纯涤纶衣料或涤纶织成的弹力呢中抽出一根纤维，放在酒精灯火焰内燃烧，立即烧着且燃烧时纤维卷曲，最后熔化成小球。这是由于涤纶等合成纤维的原料都是高分子聚合物，它们的熔点都比较低，所以燃烧时会熔化成小球。

如果找不到纯涤纶的衣料，也可以用锦纶纤维的尼龙绳、尼龙线或破的尼龙袜中抽出的纤维来做试验。锦纶纤维与涤纶纤维一样，也是合成纤维，因而燃烧时也会卷曲，并化成小球。

美丽的蝴蝶

取4个烧杯，倒入热水。然后分别往4个杯中逐次放入明矾、硫酸铜、铬酸钾和重铬酸钾，并用玻璃棒或竹筷搅拌，一直到固体物质不能再溶解为止。再用4根铁丝弯成4只"蝴蝶"，悬挂在制得的溶液中间。

随着饱和溶液温度的下降，上述四种物质的晶体便不断地凝积在铁丝上，于是白色、深蓝色、黄色和橙色的四只蝴蝶就逐渐形成了，毛绒绒的非常美丽。注意，因为铬酸钾和重铬酸钾都是重金属盐，有剧毒，切不能入口，做完实验后要认真洗手。

这个实验的原理很简单，明矾、硫酸铜、铬酸钾和重铬酸钾在水

中的溶解度随着温度的上升而增加，也随着温度的降低而降低。因此在热水中很容易溶解，并且会很快达到饱和。当放进冷铁丝弯的蝴蝶后，温度开始下降。于是溶解度也随之减小，晶体开始析出，便逐渐凝积在铁丝上了。

这个实验成败的关键，在于选好药品。对于温度稍有下降，而物质的溶解度就会下降很多的药品，做这个实验效果最好。

根据溶解度和温度的关系，化学工业部门往往把一些不纯的物质溶解在某种溶剂中，利用降低温度或蒸发的办法，进行重结晶而获得纯净的物质。

星光灿烂

很多人都喜欢看焰火，有一类焰火像一闪一闪的星光一样，很引人注目。这是一种最简单的焰火，只要有点铝粉或镁粉，在家里也可以做。

天黑时，先把酒精灯点着，如果没有酒精灯，也可以用蜡烛火，最好把屋子里的电灯关掉，然后慢慢地把铝粉或镁粉，撒在火焰上，就会产生一闪一闪的炫目的星光，但它比真的星光要亮得多了。这是因为铝粉燃烧时，生成氧化铝粉末，就会发出强烈的闪光。

做实验时要注意每次撒的铝粉不要太多，慢慢地撒。

马铃薯制淀粉

马铃薯里面含有大量淀粉。这里讲一种取出淀粉的方法。你就可以用取出来的淀粉做实验了。

取两只大马铃薯削皮、捣碎，将一手帕的四只角提起来做成袋状，把捣碎的马铃薯放进去。先将这一袋碎马铃薯浸入半碗水中，然后拿起来用力挤压。这样反复挤压几次，碗里的水就混浊了。

让这碗水放几分钟，碗底就会有一层白色的东西沉淀下来。轻轻将碗里的清水尽量倒干净，然后把碗搁在一边，让其余的水分慢慢挥发。

剩下来的白色粉末就是淀粉。拿出一点点滴上一滴碘酒试一试，其余的淀粉留待下次实验再用。

淀粉是一种具有多种用途的物质。它是一种供给人们能量的食物。玉米、小麦、黑麦和大米等食物中，都含有大量淀粉。在人体内，这些淀粉要先经过化学变化，转化成一种酪类，才能被吸收。

洗衣店里用淀粉来浆衣服，使衣服挺括。淀粉还用于纸张、胶水、炸药和其他许多东西的制造上。

除墨迹

如果你不小心把红、蓝墨水，红、蓝色圆珠笔油或盖图章用的红、蓝色印油沾在衣服上，是很难用肥皂或洗衣粉洗净的。这时可以用酸性高锰酸钾溶液除去这一类污迹。

高锰酸钾是家庭中常用的消毒剂，很容易从药店里买到。用时须把它配成0.1M溶液，质量百分比浓度约为2%，还要在溶液里加硫酸，这样便配成了高锰酸钾溶液，每10毫升高锰酸钾溶液加几滴浓硫酸。然后把酸性高锰酸钾溶液滴在污迹处，红、蓝墨水等污迹就会消失。

为什么高锰酸钾溶液能褪色呢？因为红、蓝墨水，印油和圆珠笔油都是用染料配成的，而红、蓝色染料都是有机化合物，容易被高锰酸钾氧化，变成无色的物质。

在红、蓝墨水等污迹消失以后，上面会留下过剩的高锰酸钾溶液，它是紫色的。如果不把它除掉，则会在衣服上造成新的污迹。除去高锰酸钾的办法是在上面滴几滴3%过氧化氢溶液，也可用医用的双氧水，它具有还原性，能把紫色的高锰酸钾还原为无色的硫酸锰。

最后，在衣服上的污迹被除去以后，还要用清水把衣服洗一下，以除去衣服上残留的化学药品。

引蛇出洞

看到过蛇出洞的人想必是很少的。一般人遇见蛇总有几分惧怕，

五彩校园文化艺术活动丛书

胆小的人更会心惊胆战,谁还敢专门等在洞口,去引蛇出洞呢!不过,我们倒可以让你看一看"蛇"是怎样从洞里钻出来的,并且保证这条"蛇"不会伤害你。

把7克糖、7克重铬酸钾和3.5克硝酸钾分别磨成很细的粉末,注意一定要分开磨,再细心地把它们混合均匀,并用一张锡纸将混合物包成一个小包。包不宜太大,也不要把混合物包得太紧。如果没有锡纸,则可以用聚乙烯塑料薄膜代替。然后将装好混合物的纸包或薄膜包,放进一个用硬纸板卷成的纸筒内。纸筒要稍微大一些,使装混合物的纸包能在里面自由移动。

把纸筒放在水泥地上,将纸筒的一头点着,等到里面的锡纸包或薄膜包烧着后,你就会看到一条"蛇"慢慢地从洞内扭曲着爬出来。最后在地面上会躺着一条形象逼真的半尺长的死"蛇"。

水果催熟

有什么办法使生水果变熟呢?下面介绍一个催熟水果的实验。

先制取一瓶乙烯气体。取一支圆底烧瓶,注入5毫升浓度为96%的酒精,然后慢慢加入10毫升浓硫酸。一定再将浓硫酸加入乙醇中,以免发生危险。配一个带弯曲导管和一支实验用温度计的橡皮塞。将烧瓶固定好待用。

再找一个带螺扣盖的广口瓶,最好用装果酱用的铁盖玻璃瓶,装满水,倒入水盆中,选一个刚放进瓶子里的绿色小苹果,或青西红柿。

准备好后,便可以进行实验了。点燃酒精灯,给圆底烧瓶加热。注意:温度一定要控制在160摄氏度。将导管放进装满水的瓶中,用排水取气法制取一瓶乙烯气体。取出瓶,将选好的苹果放进瓶中,将盖子盖好,拧紧,放到不见光的地方。几个小时后,苹果原来的颜色消失,生水果就完全熟透了。

这是什么道理呢?因为乙烯有一种特殊的性质:它具有促使植

物的果实早熟的催熟着色的本领；还具有使动物昏迷、植物"睡觉"的麻醉能力。人们常常利用乙烯的这个特性，把快要成熟的水果摘下来，运到目的地，在乙烯气体中放置几天，使水果成熟。这样可以大大减少运输中的损失。乙烯也可以使大量的橡胶乳流出，提高橡胶的产量。

找淀粉

从家用药箱中拿出一小瓶碘酒，或者到外面药房里去买一瓶。将一茶匙的面粉倒在半杯热水里面搅匀。再用茶匙盛一两滴碘酒倒入杯内，杯中的液体马上变成深蓝色。

你刚才做的这个实验，实际上就是化学家用来检查某种物质里面里否含有淀粉的方法。许多植物都含有淀粉。淀粉的分子是由碳、氢、氧三种原子组成的。糖也是由这三种原子组成，不过组合方式不同，所以才使得糖和淀粉大不相同。

只是碘一碰上含淀粉的东西就变成蓝色。上面的实验证明面粉里面含有淀粉。

用一小滴碘酒滴到一小片马铃薯、一条通心粉、苹果、麦片或者糖上面，看看它们中间哪几种里面含有淀粉。

化学烟圈

找一只马粪纸做的鞋盒，在盒的前侧开一个圆孔，可用打孔来钻孔，孔的直径大小以5至10毫米为宜。如果自制纸盒，大小以300×150×150毫米为宜，并要注意使纸盒密闭。

打开盒盖，在盒内放两只培养皿或小烧杯，一只培养皿内加10毫升浓盐酸，一只培养皿内加10毫升浓氨水，盖上盒盖，盒内立即产生浓厚的白烟，这就是NH_4Cl。

这时，你只要轻轻地拍打一下盒盖，一个白色的烟圈就会从圆孔中射出，和真的烟圈几乎没有什么两样。

碘酒变色

在皮肤肿处涂上碘酒，开始是深紫色的，可是过了几天颜色就会全部消失了。碘酒的颜色哪里去了呢？

若想知道碘酒颜色的去向，让我们先做一个实验吧。找一个装药片的小玻璃管，洗净后烘干。取高粱米粒大的碘放进小管底部，用镊子夹住放在火焰上加热。当出现紫色的气体后，将一干净的小玻璃片放在管口上，停止加热。

这时就会发现，这种气体遇冷后并没有变为液体，在玻璃片上凝结成一堆暗黑色的、有光泽的晶体。这证明碘具有升华的性质。了解了碘的这种性质，我们就会明白，涂在皮肤上的碘酒颜色的消失，是由于碘酒里的碘在体温的作用下，逐渐升华的缘故。

碘是法国化学家古尔多瓦在1811年的一次实验里，把硫酸倒在海草灰制备的碳酸钠中发现的。当时古尔多瓦没有确认这种物质是什么，后来在他朋友的帮助下，才弄清这种物质就是我们今天做碘酒用的碘。

燃烧的冰块

做这个实验前，自己可以先制一块冰。特别是在夏天不好找冰的情况下，更为需要。

找一个装香脂的小铁盒洗干净，盛半盒水。再买两只冰棍，把冰棍敲碎后，和二汤匙洗涤盐混和，放在一只饭碗中。把香脂盒放在里面，然后用蘸湿的毛巾盖住饭碗，过约15至20分钟后，铁盒里的水便结成冰了。

把冰取出后，便可进行实验了。取一小块电石，也叫碳化钙，放在冰块上。然后擦着一根火柴，往冰和电石接触的部位一点，片刻就着起火来，而且越烧越旺，就像冰着了火一样。但当电石消耗完以后，火焰也就渐渐地消失了。

冰块和电石放在一起能够着火，主要是因为电石和水能发生激烈的反应，放出一种可燃性气体叫乙炔，也叫电石气。当用点燃的火柴接近冰块时，使冰块发生微融，产生少量的水。

水和电石发生化学反应，生成乙炔气。乙炔遇火开始燃烧。乙炔燃烧后，产生的热量进一步使冰融化。水又和电石发生作用，不断的生成越来越多的乙炔气，火焰就逐渐地旺起来，直到电石作用完结为止。电石和水作用，是制取乙炔气的一种方法。

汽水里的气体

把一大汤匙的醋和发酵粉倒在一玻璃杯的水中，再放三粒樟脑丸进去，在樟脑丸上即刻出现许多二氧化碳的小气泡，这些小气泡好像一个个浮筒，把樟脑丸浮起在水面上等气泡破后，樟脑丸下沉，再出现气泡，樟脑丸又浮上来。这种时而浮起时而下沉的情况可以持续好几个小时，直到这种化学运作完结为止。

请注意有些泡始终不破，但是这些气泡往往出现在粗糙的樟脑丸表面上。这些气泡好像汽水里产生的气泡。我们喝的汽水就是由配有糖和香料的水加入二氧化碳形成的气体制成的。这种气体实际上已溶在水里。打开汽水瓶塞，冒上来的小气泡就是二氧化碳。这些气泡使汽水产生一种碳酸气的味道。

烛焰显字

把钢笔在醋里面蘸一下，再在一张厚厚的白纸上写上几个字。要多蘸几次，使字的笔画粗重。醋很快就干了，而且不留一点痕迹。

点一支蜡烛放在水槽里，因为这样会使实验安全妥当。放好蜡烛以后，就把这张用醋写了字的纸放在烛焰上大约2.5厘米高的地方烘烤，注意要把纸片不停地移动，不能只烤一点，否则纸容易着火。这样过了不久，你就会看到纸片上颜色焦黄的字迹。

用醋在纸上写字，醋与纸发生化学变化，形成了一种化合物。这种化合物比纸上没有写字的地方更易燃烧，纸在火焰上烤的时候，写上字的地方就先被烤焦。用柠檬汁、葡萄汁或者牛奶汁写字，结果也会同醋写的一样。

自制农药

现在，不少人喜欢在自己的庭园里或者花盆里栽种花草树木，以美化我们的环境。但是，有时候树上会长虫，把我们辛辛苦苦的劳动成果毁坏了。不妨在家里自制一点农药来防治这种病虫害。制法简单，价钱便宜，又不需要特殊仪器的农药，要算钙硫合剂了。

下面介绍钙硫合剂的做法：

在烧杯或搪瓷杯等其他容器中加28克生石灰，再慢慢加入75毫升水，混合均匀后即变成熟石灰。然后往烧杯中加56克研细的硫黄粉，用酒精灯加热煮沸一小时，反应过程中应不时搅拌，并补充因蒸发而损失掉的水分。因煮沸时会产生刺激性的气味，所以最好室外制备钙硫合剂。把它贮存在玻璃瓶内，将瓶盖盖严，放在阴凉处，可以长期使用。

钙硫合剂用水冲稀10倍可以杀灭害虫，用水冲稀40倍时，可以用来杀死花草和树叶上的细菌，使用的时候以喷雾法最好。

指纹检查

1. 实验原理

碘受热时会升华变成碘蒸气。碘蒸气能溶解手指上的油脂等分泌物，并形成棕色指纹印迹。

2. 实验用品

试管、橡胶塞、药匙、酒精灯、剪刀、白纸、碘。

3. 实验步骤

（1）取一张干净、光滑的白纸，剪成长约4 cm、宽不超过试管直径的纸条，用手指在纸条上用力摁几个手印。

（2）用药匙取芝麻粒大的一粒碘，放入试管中。把纸条悬于试管中(注意摁有手印的一面不要贴在管壁上)，塞上橡胶塞。

（3）把装有碘的试管在酒精灯火焰上方微热一下，待产生碘蒸气后立即停止加热，观察纸条上的指纹印迹。

魔棒点灯

1. 实验用品

表面皿、玻璃棒、酒精灯、高锰酸钾晶体、浓硫酸

2. 实验步骤

（1）取少量高锰酸钾晶体放在表面皿（或玻璃片）上，在高锰酸钾上滴2.3滴浓硫酸；

（2）用玻璃棒蘸取后，去接触酒精灯的灯芯，酒精灯立刻就被点着了。

建造"水中花园"

1. 实验用品

硅酸钠、盐的晶粒、硫酸盐、硝酸盐

2. 实验步骤

（1）将硅酸钠（Na_2SiO_3）溶于水中制成溶质质量分数为40%的

水玻璃；

（2）轻轻将 盐的晶粒，如钴、铁、铜、镍和铅的氯化物，铝、铁、铜和镍的硫酸盐，钴、铁、铜和镍的硝酸盐，加入到水玻璃中（注意不能摇混），则五彩缤纷的"花"就慢慢地生长起来了。

喷雾作画

1.实验原理

$FeCl_3$溶液遇到硫氰化钾(KSCN)溶液显血红色，遇到亚铁氰化钾〔$K_4[Fe(CN)_6]$〕溶液显蓝色，遇到铁氰化钾〔$K_3[Fe(CN)_6]$〕溶液显绿色,遇苯酚显紫色。$FeCl_3$溶液喷在白纸上显黄色。

2.实验用品

白纸、毛笔、喷雾器、木架、摁钉。$FeCl_3$溶液、硫氰化钾溶液、亚铁氰化钾浓溶液、铁氰化钾浓溶液、苯酚浓溶液。

3.实验步骤

（1）.用毛笔分别蘸取硫氰化钾溶液、亚铁氰化钾浓溶液、铁氰化钾浓溶液、苯酚浓溶液在白纸上绘画。

（2）把纸晾干,钉在木架上。

（3）用装有$FeCl_3$溶液的喷雾器在绘有图画的白纸上喷上$FeCl_3$溶液。

木器或竹器上刻花（字）法

1.实验原理

稀硫酸在加热时成为浓硫酸，具有强烈的脱水性，使纤维素$(C_6H_{10}O_5)_n$失水而碳化，故呈现黑色或褐色。洗去多余的硫酸，在木（竹）器上就得到黑色或褐色的花或字。

2.实验用品

毛笔、5%的稀硫酸、木器（或竹器）

3.实验步骤

（1）用毛笔蘸取质量分数为5%的稀硫酸在木器（或竹器）上画花或写字。

（2）晾干后把木（竹）器放在小火上烘烤一段时间，用水洗净，在木（竹）器上就得到黑色或褐色的花样或字迹。

蛋白留痕

1.实验原理

醋酸溶解蛋壳后能少量溶入蛋白。鸡蛋白是由氨基酸组成的球蛋白，它在弱酸性条件中发生水解，生成多肽等物质，这些物质中的肽键遇Cu^{2+}发生络合反应，呈现蓝色或者紫色。

2.实验用品

鸡蛋、毛笔、醋酸、稀硫酸铜溶

3.实验步骤

（1）取一只鸡蛋，洗去表面的油污，擦干。

（2）用毛笔蘸取醋酸，在蛋壳上写字。

（3）等醋酸蒸发后，把鸡蛋放在稀硫酸铜溶液里煮熟。

（4）待蛋冷却后剥去蛋壳，鸡蛋白上留下了蓝色或紫色的清晰字迹，而外壳却不留任何痕迹。

自动长毛的鸭子

1.实验原理

铝为活泼金属，但由于铝表面有致密的氧化膜，阻止了铝与空气的反应。$HgNO_3$溶液涂上去后，破坏了致密氧化膜，同时形成Al-Hg合金，使得Al表面不能再形成致密氧化膜。Al可以持续和空气中的氧气反应，生成白色Al_2O_3。

2.实验用品

$HgNO_3$溶液、铝皮、棉签。

注意事项：$HgNO_3$为剧毒化合物，实验时注意防护措施。

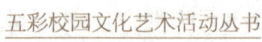

3.实验步骤

（1）用铝皮剪成一个鸭子形状；

（2）用棉签沾上$HgNO_3$溶液涂在铝皮上，过几分钟后将铝皮上的$HgNO_3$搽干。接着就可以看见铝鸭子自动长出白毛来。

玻璃棒点燃了冰块

1.实验原理

冰块上的电石（化学名称叫碳化钙）和冰表面上少量的水发生反应，这种反应所生成的电石气（化学名称叫乙炔）是易燃气体。由于浓硫酸和高锰酸钾都是强氧化剂，它足以能把电石气氧化并且立刻达到燃点，使电石气燃烧，另外，水和电石反应是放热反应，加之电石气的燃烧放热，更使冰块熔化成的水越来越多，所以电石反应也越加迅速，电石气产生的也越来越多，火也就越来越旺。

2.实验用品

玻璃棒、酒精灯、高锰酸钾、浓硫酸、冰块

3.实验步骤

（1）在冰块上事先放上一小块电石，这样，只要用玻璃棒轻轻往冰块上一触，冰块马上就会燃烧起来。

（2）先在一个小碟子里，倒上1—2小粒高锰酸钾，轻轻地把它研成粉末；

（3）然后滴上几滴浓硫酸，用玻璃棒搅拌均匀，蘸有这种混合物的玻璃棒，就是一只看不见的小火把，它可以点燃酒精灯，也可以点燃冰块。

白花变蓝花

1.实验原理

干态下的碘片和锌粉，常温下不易直接化合，加入少量水作催化剂后，立即剧烈反应生成碘化锌并放出大量的热，使未反应的碘升华成紫烟，水受热汽化，空中冷凝成白雾，碘和白纸花上的面粉接触显兰色，于是紫烟造出蓝花。

2.实验用品

铁架台、铁夹、蒸发皿、滴管药品、锌粉、碘片、浆糊

3.实验步骤

（1）取一只蒸发皿放入2克锌粉和2克碎碘片，搅拌均匀，在蒸发皿的正上方吊一朵白纸花，白纸花上涂以面粉浆糊。

（2）然后用胶头滴管吸取冷水，加一两滴于混合粉上，立即有紫烟和白雾腾空而起，团团彩云都抢着去拥抱白纸花，把白花染成兰花，再熏染一两次，蓝花更加鲜艳、逼真。

自燃——糖与氯酸钾的反应

1.实验原理

浓硫酸与糖反应时放热，放出的热量能促进氯酸钾的分解，释放出氧气。氧气又进一步氧化糖，糖的氧化放出大量热，大到足以使糖燃烧产生火焰。

2.实验用品

糖粉、氯酸钾、浓硫酸、蒸发皿。

3.实验步骤

将糖粉与等量氯酸钾混合均匀放进蒸发皿内，在混合物顶部轻轻地挖一凹痕，向凹痕中滴一滴浓硫酸，即发生自燃。

注意：这个实验应在通风橱中进行。

火山爆发

1.实验原理

高锰酸钾与甘油混合激烈反应放出大量热，使重铬酸铵分解生成的固体残渣随生成的气体喷出。

2.实验用品

滴管、坩埚、木板、泥土、高锰酸钾、硝酸锶、重铬酸铵粉末、甘油。

3.实验步骤

（1）在木板中央堆一方泥土，上面放一坩埚，坩埚周围用泥围堆成一小"山丘"，丘顶坩埚上方为"火山口"。

（2）向埋在山丘内的坩埚中央堆放5g高锰酸钾和1g硝酸锶的混合物，此混合物周围堆放10g研细了的重铬酸铵粉末。

（3）用长滴管滴加数滴甘油在高锰酸钾上，人离远点，片刻后可见有紫红色火焰喷出，紧接着就有绿色的"火山灰"喷出。

水火相容

1.实验原理

在水中放进氯酸钾，氯酸钾是含氧的化合物；再放进黄磷，黄磷是极易燃烧的东西，在水里因为与空气中的氧隔绝了，所以没有自燃。但是，加进了浓硫酸，浓硫酸与氯酸钾起作用生成氯酸，氯酸不稳定，放出氧来。氧又与黄磷起反应而燃烧，这种反应特别猛烈，因此在水里也能进行，使得水火同处在一个杯中。磷被氧化生成五氧化二磷，五氧化二磷与水起作用，生成磷酸。

2.实验用品

移液管、玻璃杯、氯酸钾晶体、黄磷、浓硫酸。

3.实验步骤

（1）在一个玻璃杯中盛大半杯水，把十几颗氯酸钾晶体放到水底，再用镊子夹取几小粒黄磷放到氯酸钾晶体中。

（2）接着用玻璃液管吸取浓硫酸少许，移注到氯酸钾和黄磷的混合物中，这时水中就有火光发生。

液体里面的星光

1.实验原理

高锰酸钾和浓硫酸接触，便产生氧气，它的氧化力很强，能使混合液中的酒精燃烧而发出闪闪的火花。在黑暗的地方看，火花便格外明亮。

2.实验用品

无水乙醇、浓硫酸、高锰酸钾晶体。

3.实验步骤

（1）在一支较大的试管中，加入几毫升无水乙醇（或者是90%的乙醇），再慢慢滴入等量的浓硫酸。

（2）在试管背面衬一张深蓝色的纸。摇振试管后，关闭电灯；

（3）用小匙挑一些高锰酸钾晶体，慢慢撒在液面上，晶粒在溶液中逐渐下落，就可以看到火星点点，恰似秋夜的星光，还有轻微的炸裂声。

小木炭跳舞

1.实验原理

在小木炭刚放入试管时，试管中硝酸钾的温度较低，还没能使木炭燃烧起来，所以小木炭还在那静止地躺着。试管继续加热后温度上升，使小木炭达到燃点，这时与硝酸钾发生激烈的化学反应，并放出大量的热，使小木炭立刻燃烧发光。因为硝酸钾在高温下分解后放出氧来，这个氧立刻与小木炭反应生成二氧化碳气体，这个气体一下子就将小木炭顶了起来。木炭跳起之后，和下面的硝酸钾液体脱离接触，反应中断了，二氧化碳气体就不再发生，当小木炭由于受到重力的作用落回到硝酸钾上面时，又发生反应，小木炭第二次跳起来。这样的循环往复，小木炭就不停地上下跳跃起来。

2.实验用品

铁架、试管、固体硝酸钾、酒精灯。

3.实验步骤

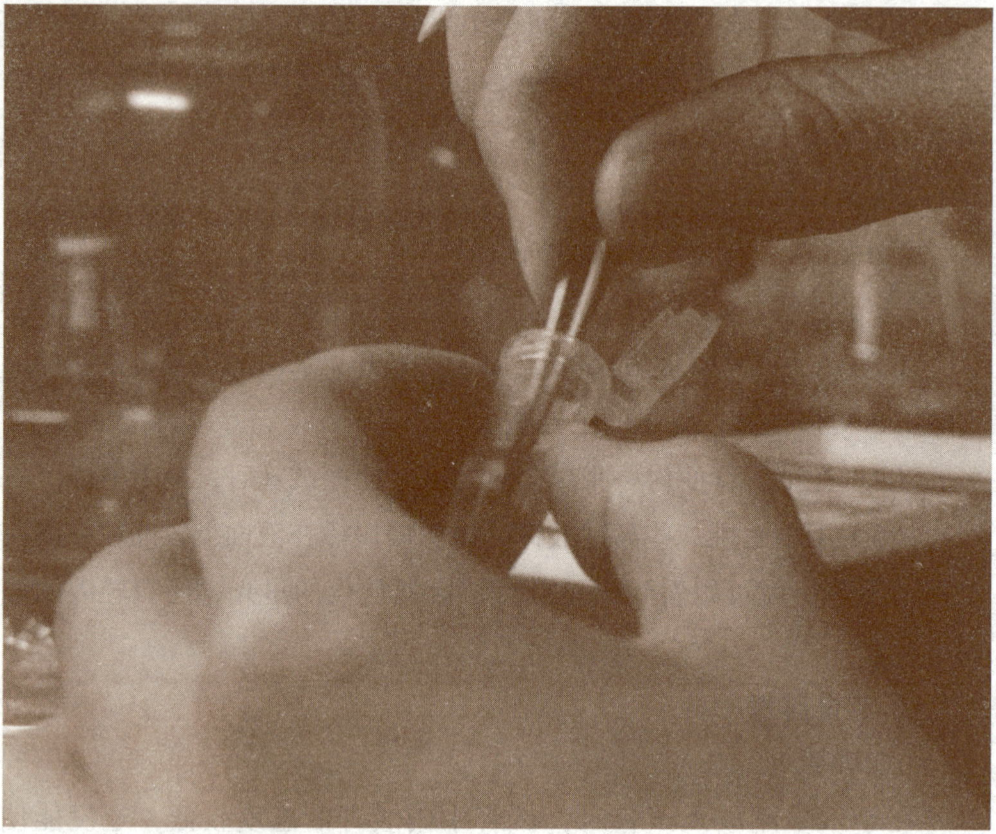

（1）取一只试管，里面装入3~4克固体硝酸钾，然后用铁夹直立地固定在铁架上，并用酒精灯加热试管。

（2）当固体的硝酸钾逐渐熔化后，取黄豆粒大小木炭一块，投入试管中，并继续加热。过一会儿就会看到小木炭块在试管中的液面上突然地跳跃起来，一会儿上下跳动，一会儿自身翻转，好似跳舞一样，并且发出灼热的红光，有趣极了。

滴水生烟

1.实验原理

碘和铝在常温下不发生反应。加水催化剂后，反应便立即发生。反应放出的热使水变为水蒸气，它和碘蒸气和白色的碘化铝在一起形成大量的橙色烟雾。烟雾中混杂着碘升华美丽的紫色蒸气。

2.实验用品

研钵、坩埚、滴管；碘片、铝粉。

3.实验步骤

（1）取3克碘片放在干燥的研钵内研细，再加入0.2克铝粉。

（2）把它们混和均匀后，移入坩埚并堆成小丘，在丘顶上压一小坑。用滴管往小坑内滴1～2滴水。

（3）碘和铝立即发生剧烈反应，发光发热，同时产生浓厚的棕色烟雾，烟雾中夹杂着美丽的紫色碘蒸气。

烟圈赛跑

1.实验原理

白磷燃烧生成白烟五氧化二磷，应拍击鞋盒白烟随空气流动从小洞跑出。

2.实验用品

鞋盒、坩埚、镊子、铁丝、酒精灯；滤纸、白磷。

3.实验步骤

（1）在鞋盒的前侧对称地打两个1.5厘米直径的孔。

（2）用镊子取一块黄豆大的白磷，吸去水分，放在坩埚里，再把坩埚放入盒内，立即盖上盒盖。

（3）热天白磷会很快自燃，冷天可用灼热的铁丝碰一下白磷，使它燃烧。白磷燃烧使盒内很快充满浓厚的五氧化二磷白烟。

（4）用手指轻轻地点一下盒盖，就有两个白色烟圈从圆孔中冲出，向前奔跑。不停地拍点盒盖，白色烟圈就不停地从圆孔中跑出。手指拍点的位置不同，出来的两个烟圈速度就不一样，看上去好像烟圈在赛跑。

"可乐"变"雪碧"

1.实验原理

硫代硫酸钠和碘能发生氧化--还原反应，褪去碘溶液的颜色：
I2+2Na2S2O3===2NaI+Na2S4O6

2.实验用品

可口可乐空瓶、酒精、碘片、硫代硫酸钠（大苏打）粉末。

3.实验步骤

（1）取可口可乐空瓶一只，倒入四分之三体积的蒸馏水。

（2）取烧杯一只加入50毫升酒精，并加入适量碘片，制得深褐色酒精碘溶液。

（3）将配好的溶液倒入可乐瓶中，边加边振荡碘直到溶液的颜色和可乐相似为止。一瓶"可乐"制好了。

（4）在干燥的瓶盖内放入硫代硫酸钠（大苏打）粉末，然后取一张糯米纸盖在内粉末上，再将瓶盖轻轻地盖在瓶口上，小心盖紧，注意不要使大苏打粉末散落在瓶内。

（5）将可口可乐瓶用力一摇，很快一瓶"可乐"变成了无色透明的"雪碧"。

鸡蛋入瓶

1.实验原理

由于鸡蛋壳主要是由CaCO3等物质组成，当浸入酸时，发生反应，鸡蛋壳溶解，所以鸡蛋变软，又由于鸡蛋内膜由非碳酸盐组成，不容于酸，所以又不会破裂，而保持鸡蛋原形。

2.实验用品

鸡蛋、10%的醋酸、广口瓶。

3.实验步骤

将鸡蛋浸在10%的醋酸中，待鸡蛋壳变软后，将蛋取出，找一个瓶口略比鸡蛋小的广口瓶，往广口瓶中投入一燃着的酒精棉球，火焰熄灭后，迅速将鸡蛋的小头对准瓶口，鸡蛋很快被吸入瓶中。这是因为瓶中压强低于外界大气压的缘故。过一段时间蛋壳会稍变硬,似鸡蛋原样。

蛋壳刻画

1.实验步骤

(1)取一只红壳鸡蛋(红壳鸡蛋的蛋壳稍硬),洗净,用布轻轻擦干。

(2)取10g~20g的蜡,加热使之熔化,用毛笔蘸取蜡液,在蛋壳上绘图或写字,待白蜡冷凝后,把鸡蛋慢慢浸入10%的醋酸中,用筷子拨动鸡蛋,使它均匀地跟溶液接触约20~30分钟。

(3)当蛋壳表面产生较多的气泡,蛋壳上有明显的腐蚀现象即可。取出鸡蛋,用清水漂洗,晾干。

(4)用铁钉在鸡蛋的两端各打一孔,用嘴吹出蛋清和蛋黄。待蛋清和蛋白全部滴出后,用小刀轻轻刮去涂在壳上的白蜡,最后将蛋壳放在热水中浸一下,就能看到明显的图案花纹或字迹,被腐蚀的蛋壳表面很容易上色。

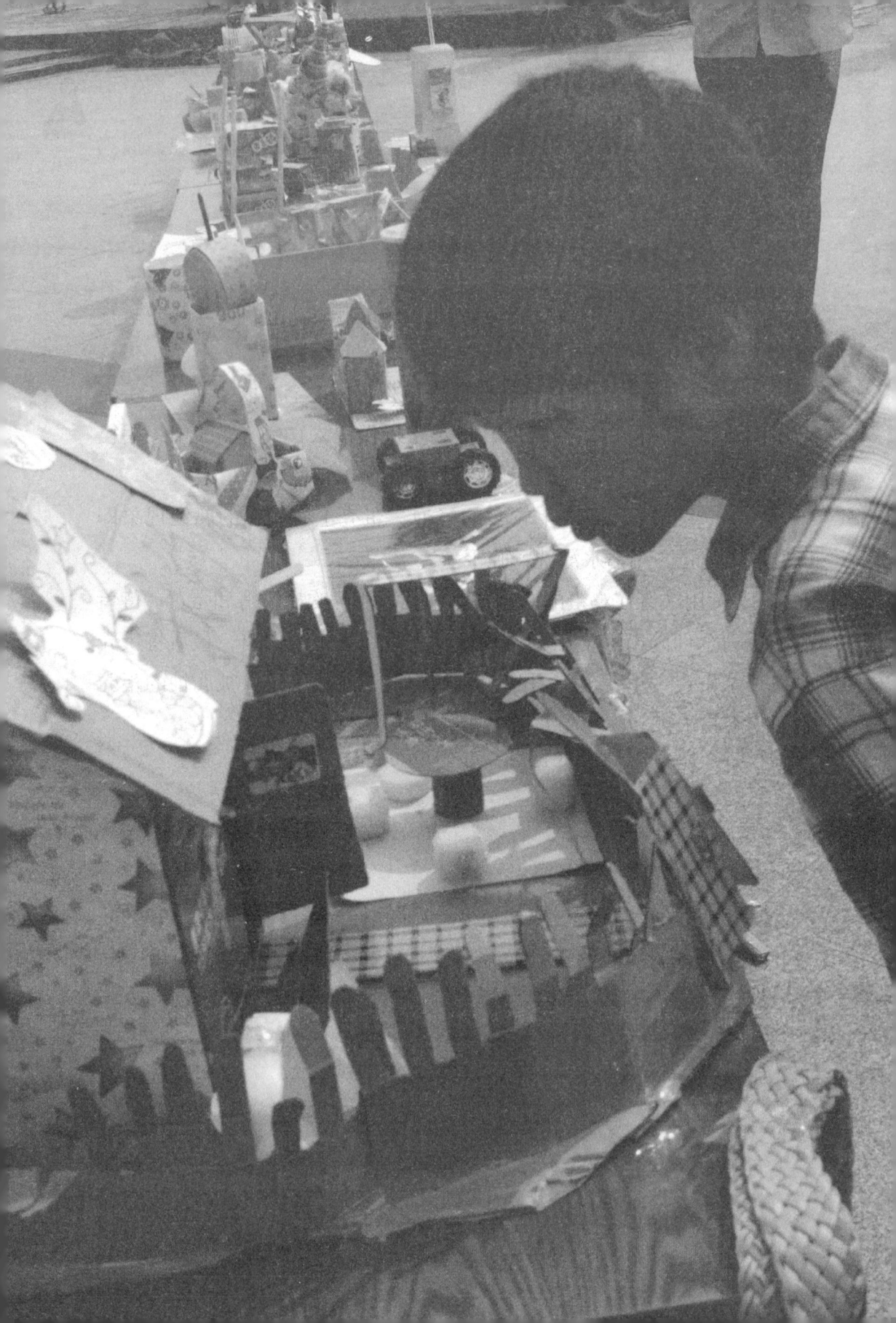

NO5. 学校科普室的建设与活动指导

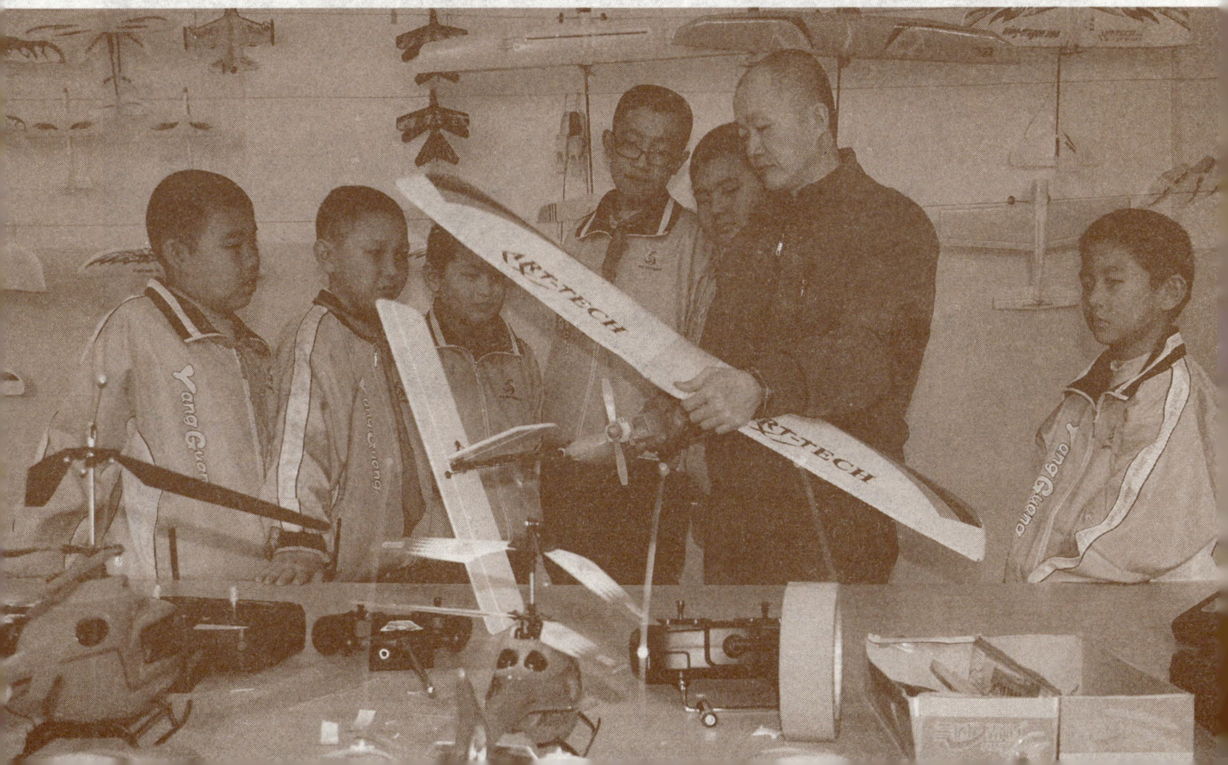

学校科普室建立的意义

随着科学技术的迅猛发展，科技和教育水平越来越体现在国家的综合实力上，同时也取决于国民科技文化素质的迅速提高。

科学思想、科学精神越来越广泛和深刻地影响着人们的世界观与人生观。科学技术，特别是高新技术的发展，例如电脑、生命科学和纳米材料等的发展，极大地改变了人们的思维方式和生活方式。

广泛开展科学技术普及活动是新世纪推进我国科学技术普及工作的一项重要任务。因此，加强科学技术普及教育，提高全民族，尤其

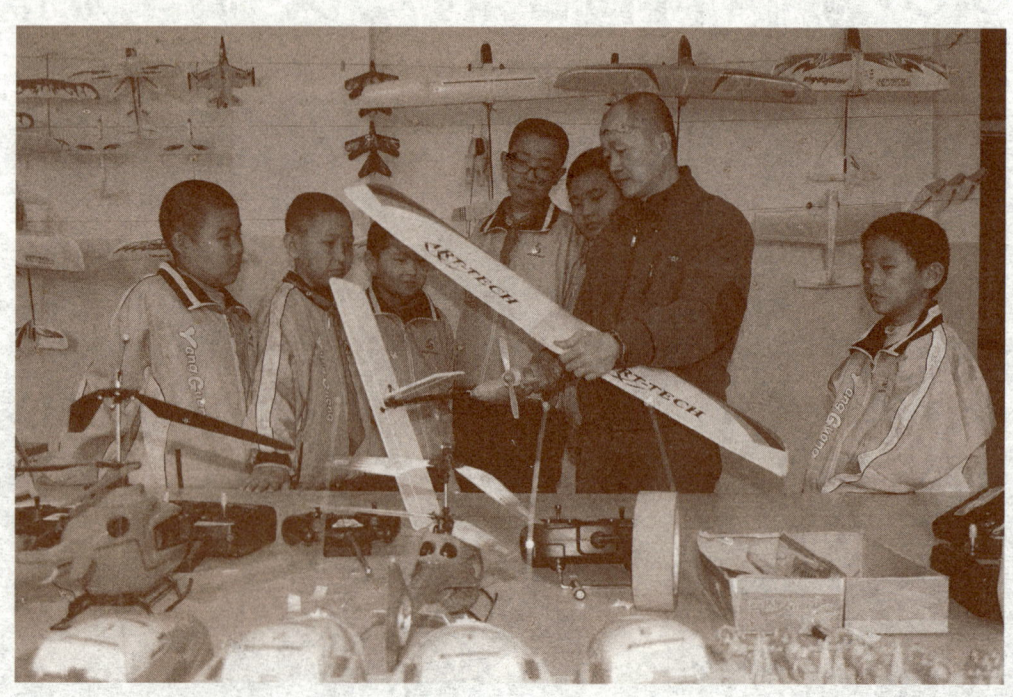

是青少年的科技素质,已成为持续增强国家创新能力和竞争力的基础性工程。

科普活动的意义

现在我国青少年科学技术普及活动已经取得了令人瞩目的成就。以学校教育为主体,社会各界参与的青少年科普活动发展迅速,组织机构逐步健全。

大、中城市的青少年科普网络开始形成,设施和手段也日益增强,吸引了大量青少年参与科普活动,在一定程度上促进和提高了青少年的科技素质。

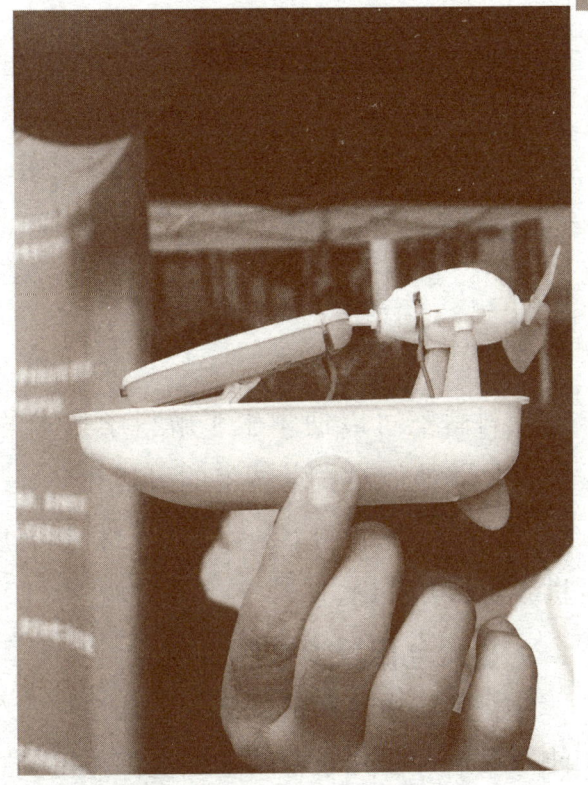

例如全国青少年科技创新大赛,就是一项具有全国性的青少年科技创新成果和科学探究项目的综合性科技竞赛,是面向在校中小学生开展的具有示范性和导向性的科技教育活动之一,是目前我国中小学各类科技活动优秀成果的集中展示,也是培养青少年的创新精神和实践能力的一项活动。同时,也大大提高了青少年的科技素质。

学校科普室建立的原则

科普室可以使学生了解科学技术的发展，掌握必要的知识、技能，培养他们对科学技术的兴趣和爱好，增强他们的创新精神和实践能力，引导他们树立科学思想、科学态度，帮助他们逐步形成科学的世界观和方法论。

面向全体青少年的原则

科学技术普及活动必须面向全体青少年，提高他们的科技素质，使每一个人在其原有的基础上都能得到一定程度的发展，帮助每一个

人获得步入现代经济和社会生活所必需的科技能力。

无论是在校内，还是在校外，科学技术普及活动要尊重、爱护和关心每一个青少年，要采取适当的方式，来满足不同的地区、不同知识背景、不同接受水平的青少年的需要，使全体青少年都能够参加科学技术普及活动。

以青少年为主体的原则

要坚持以青少年为主体的原则开展相关活动，关注青少年的情感，保护青少年的自信，尊重青少年的人格，培养青少年的创新精神，正确评价每个青少年的成长。为此，学校必须为他们学习、活动营造有利的环境，这样才能唤起青少年的主体意识，并鼓励他们主动参与和大胆实践。

基础与实践相结合的原则

对学生进行科普教育，应体现基础性与实践性相结合的原则。在科普活动内容选择上，基础性主要包括：对未来发展有广泛影响的科技知识；基本的学习和参与科学技术活动的方法；养成独立处理事物的能力；树立合作精神和社会责任感等。

实践性要求主要通过实际观察、试验、制作和相关操作性活动，加强对上述科技活动基础性内容的理解与掌握，同时了解科学技术与社会之间的关系及其相互作用等。

将基础性和实践性相结合，使学生不但能掌握知识，而且能联系实际加以应用，不但有学习的主动性、积极性，而且能培养他们对社会的责任感。

学校科普室的建立及活动

学校要弘扬科学精神,反对迷信和伪科学,倡导学生爱科学、学科学、讲科学、用科学以及献身科学的思想,促进全体师生树立起牢固的科学发展观。

学校科普室建立的基本要求

1.健全科普机制,落实人责

学校要将科教工作切实纳入日常中心工作,高度重视,校领导专人主抓,校、级、班层层落实。

成立科普工作领导小组。可由校长任组长负责全面工作,副校长任副组长具体抓落实,科技辅导员和各班班主任为成员分层、分组开展工作。

成立科普教育活动小组。班主任为组长负责该组的全面工作,副班主任和科任教师、班团委干部为成员负责以学校科普工作精神为指针,全面贯彻落实。

分工协调指导科普活动。科技辅导员分工协调指导全校和各班的科普教育活动小组的科技教育活动。

2.保障经费到位,设施完备

(1)分工协作。校科普领导小组、班科普教育活动小组和科技辅导员密切组织配合,分工协作,全面搞好我校的科技教育活动工作,力争做到人人关心,人人参与。

（2）经费到位。学校行政要做好每学年的科教经费预算，力争人力、财力、物力保障到位，确保该项工作顺利开展，奖惩有力。

（3）完善机制。进一步完善科普图书室，添置科教图书，健全借阅制度。办好科普宣教橱窗、墙报、板报等多形式的科普宣教阵地。

学校科普室开展的活动

1.知识性项目

以普及科技知识为主的知识性项目，如举办生命科学、基本物质科学、地球与空间科学、军事科学、科学前言与高新技术、使用技术和科学技术发展史等多学科方面的展览。

可根据学生年龄特征，由近及远，由零星到系统，由具体到抽象，由现象到本质，由宏观到微观的形式，展示科学知识、技能、方法，培养学生的科学行为和习惯。

2.技能型项目

以培养具体技能为主的技能性项目，如模型制作、电脑制作、种植养殖技术等；模型室、多媒体教室、机器人教室和数学益智玩具室等，学生可以通过自己的操作完成各种技能项目。

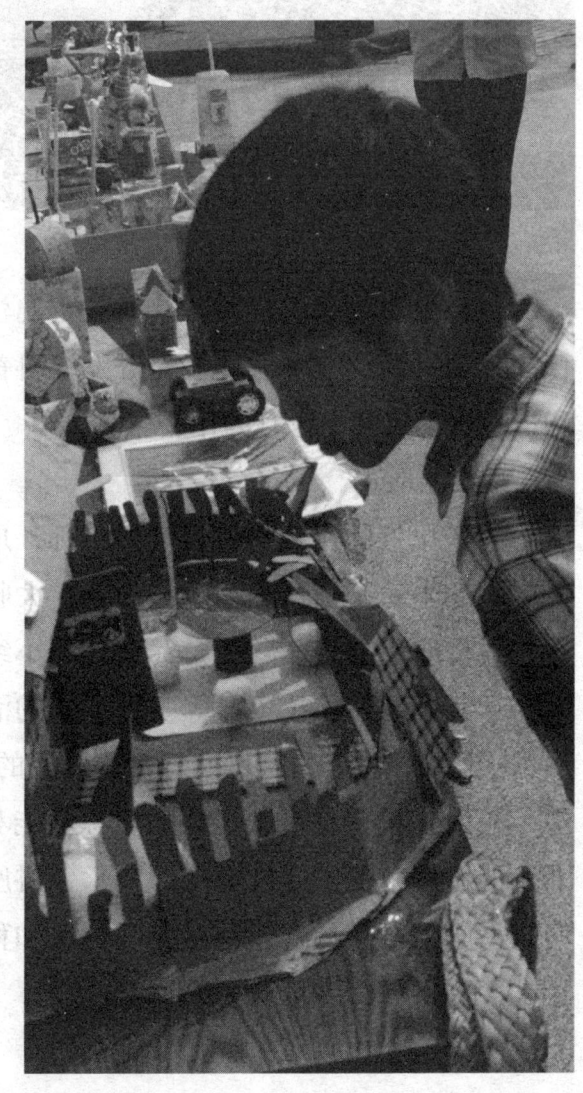

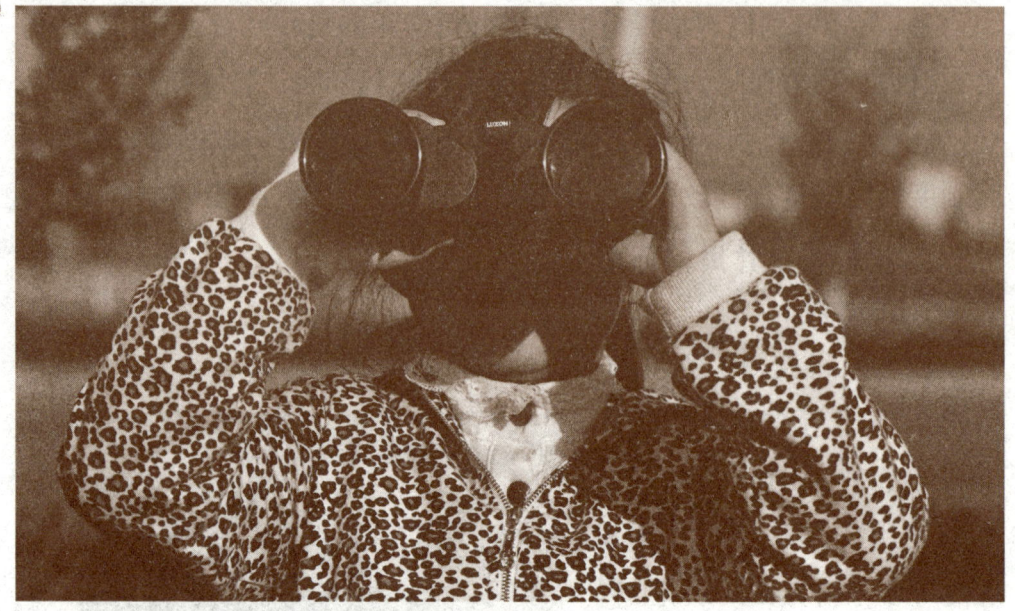

3. 流动科技馆

以科普大篷车的形式，让科技走出学校，使其成为校外青少年科普的一个重要设施。这样能充分发挥科普室在提高未成年人科学素质和思想道德建设中应有的作用。

4. 其他形式

为了更好的实现科普活动的目标，应赋予活动生动活泼的形式，使广大学生易于接受、踊跃参与、扩大收获。如定期举办科技夏冬令营、科技演讲会、命题擂台赛、兴趣小组、科普主题讲座、参观、培训、学科竞赛、科技竞赛等多种形式的活动；小发明展示、科技实验演示、科技录像、科技网站等都是较好的科技活动手段。

总之，科普室具有很强的资源功能和科普活动优势，要充分发挥上述的作用，就要通过展览、演示、讲座、影视和参与操作等形式，向广大学生传播科技知识、科学方法和科学精神，从而有利于青少年科学素质和全社会的建设。

加强学校科普室的管理

为提高科普工作管理水平，强化管理机制，加强对科普工作的指导和协调，结合科普工作中的组织建设、队伍建设、科普设施管理等方面的实际情况，特制定以下科普工作管理制度。

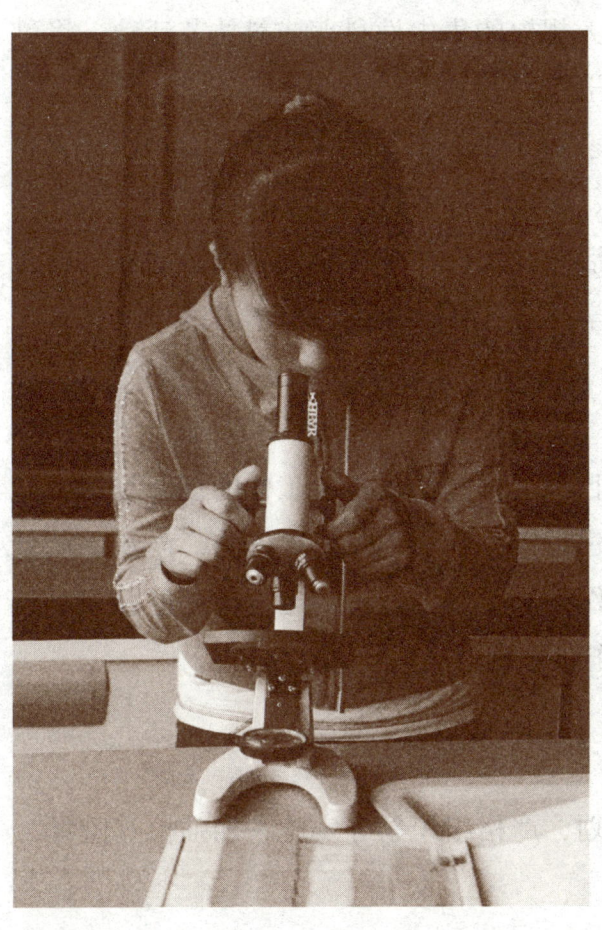

组织建设

健全、完善科普组织网络，学校成立分管副校长为组长、各部科技辅导员为组员的科普领导小组。

制度建设

实施科普工作和科普档案管理制度化、规范化。统一规范、完善科技辅导员科普活动台帐、科普工作管理制度或办法，并完善各类科普档案管理制度。明确科技辅导员的职责和任务及每年初制定全年工作计划和有关规划、方案，年底有总结，科普小组在科普活动中

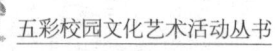

形成的材料应及时整理归档。

队伍建设

建立学校科普志愿者队伍，包括专家顾问团、讲师团、科技人才库等，全校每年有所递增。组织科普志愿者深入学校、班级、社区开展活动。

完善科普设施

实施科普资源共享，制作科普宣传长廊，逐年建立规模、质量好，有一定科技含量的科普宣传长廊，定期更换科普宣传内容，制定科普宣传管理考核办法。

科普活动内容丰富

每年全校有一次以上较大规模的集中性科普或科技节活动。将科普工作的重心和落脚点放在学校，并将学校科普作为创建文明和谐校园的重要内容，积极组织专家及专业工作者、科普工作者和科普志愿者，在学校内开展内容丰富、形式多样的科学普及教育活动。多种形式开展丰富多样的科普宣传活动，积极在学校科普工作所能辐射到的地方中开展"科学知识、科学思想、科学精神、科学方法"教育，以提高青少年的科技素养。

科普机制探索

以"树立重点项目"为目标，推动学校科普工作的创新与发展，在科普队伍建设、科普设施建设等方面，不断拓展思路，创新求实，对科普教育的组织形式、工作方法、管理办法的运行机制进行探索和实践，努力开拓学校科普工作新局面。

科普室的管理方向

1.活动有序，措施有力

校科教领导小组制定计划，严格组织领导实施，加强检查监督，对应考评奖惩。

各班自选时间，例如以每天的课外活动课为科普活动时间，加强教育和学习，每周五下午第三节课为集中活动时间。

校、班均要建立不同类别的科技兴趣小组，让学生根据自己的兴趣和爱好广泛参与活动，充分发挥自己的聪明才智，创出科教成果。

科技辅导员要协调各自然学科教师深入到每个班级、兴趣小组认真指导工作，力争努力多出科技创新、科技制作等方面的成果。

学校要充分发挥优势，挖掘潜力，多形式、多内容地开展活动，每学期举办一次大型的科普教育活动，认真迎接每年的青少年科技创新大赛。

利用一切机会采用不同形式积极宣传贯彻《科普法》精神，努力提高科普意识，并得到社会各方面的大力支持。

2.广泛宣传，形式丰富多样

以宣传普及科学文化知识为核心，用大家喜闻乐见的形式，大力开展形式多样、丰富多彩的宣传教育活动。

3.精心组织，科普求得实效

广泛开展形式多样、内容丰富的科普活动。学校积极组织动员科普领导小组和广大科技工作者，开展主题科技周和学术交流月等活动。

学校青少年科技教育领导小组对科技教育常抓不懈，丰富多彩，要基本实现以"科技活动为中心，全校百分之百学生参加"的两个目标。

大力加强科技人才的培训，采取培训班、报告会、外出参观等形式对科技干部、辅导员、青少年学生进行科技培训，以提高全体师生的科技文化素质。

图书在版编目（CIP）数据

校园场馆类活动指导手册 / 张敏编著. -- 长春：吉林出版集团有限责任公司，2013.11（2020.11重印）
ISBN 978-7-5534-3311-0

Ⅰ．①校… Ⅱ．①张… Ⅲ．①课外活动－青年读物 ②课外活动－少年读物 Ⅳ．①G424.28-49

中国版本图书馆CIP数据核字（2013）第227109号

校园场馆类活动指导手册

张　敏　编著

出 版 人：	齐　郁
责任编辑：	孙　婷
封面设计：	大华文苑（北京）图书有限公司
版式设计：	大华文苑（北京）图书有限公司
法律顾问：	刘　畅
出　　版：	吉林出版集团股份有限公司
发　　行：	吉林出版集团青少年书刊发行有限公司
地　　址：	长春市福祉大路5788号
邮政编码：	130118
电　　话：	0431-81629800
传　　真：	0431-81629812
印　　刷：	北京兴星伟业印刷有限公司
版　　次：	2013年11月　第1版
印　　次：	2020年11月　第3次印刷
字　　数：	158千字
开　　本：	710mm×1000mm　1/16
印　　张：	12
书　　号：	ISBN 978-7-5534-3311-0
定　　价：	35.00元

版权所有　翻印必究